貴州畢節彝族文化調查研究

何善蒙 主編

崧燁文化

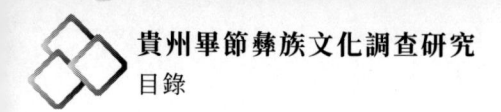

貴州畢節彝族文化調查研究
目錄

目錄

代序　以民族文化調查，探尋民族融合經驗

前言

第一章　生產民俗

　　第一節　農業 13

　　第二節　畜牧業 15

　　第三節　手工業 17

　　第四節　融合與現代化 20

第二章　商貿服務業民俗

第三章　生活民俗

　　第一節　服飾民俗 27

　　　　一、長裙 28

　　　　二、無飾長衣 28

　　　　三、長花衣 28

　　第二節　飲食文化 30

　　　　一、主食 30

　　　　二、肉食 30

　　　　三、酒 31

　　第三節　飲食習慣 31

　　第四節　居住習俗 32

　　　　一、住地選擇 32

　　　　二、房屋形制 32

　　　　三、花紋雕飾 33

　　　　四、顏色 33

　　　　五、碉堡 34

第五節　醫療衛生習俗 34
　　一、《雙柏彝醫書》（《明代彝醫書》） 34
　　二、《獻藥經》 35
　　三、《名醫別錄》 35
　　四、治療方法 36
　　五、草藥名稱 36

第四章　社會民俗

第一節　制度與規範 37
　　一、家族制度 37
　　二、家族規矩 38
　　三、居民居住制度 43
　　四、村落基本制度 45
第二節　倫理與禮節 46
　　一、社交禮節與規矩 46
　　二、倫理關係與禁忌 48
第三節　婚姻與家庭 49
　　一、婚姻 49
　　二、家庭 51
第四節　祭祀 52
第五節　變化 53

第五章　歲時節日民俗

第一節　火把節 55
第二節　彝族年 59
　　一、年前準備階段 61
　　二、彝族年的三天 62
　　三、拜年 63
第三節　其他節日 64

一、隴闊打守木節（龍月初三節） ———————— 64
　　二、姆闊打俄木節（馬月初五節） ———————— 64
　　三、春節、元宵節 ———————————————— 65

第六章　人生禮儀民俗

　第一節　誕生禮俗 ——————————————— 67
　　一、求子儀式 ————————————————— 67
　　二、孕育習俗 ————————————————— 67
　　三、接生方式 ————————————————— 67
　　四、慶生禮俗 ————————————————— 67
　第二節　婚嫁禮俗 ——————————————— 68
　　一、傳統婚嫁儀式 ——————————————— 68
　　二、特殊婚俗 ————————————————— 84
　第三節　齋祭禮俗 ——————————————— 85
　第四節　喪葬禮俗 ——————————————— 87
　　一、喪葬儀式 ————————————————— 87
　　二、葬法 ——————————————————— 90
　　三、葬式 ——————————————————— 90

第七章　信仰民俗

　第一節　彝族的宇宙觀 ————————————— 92
　　1.彝族的經典文化 ——————————————— 92
　　2.彝曆 ———————————————————— 93
　第二節　彝族的信仰對象 ———————————— 94
　　一、自然萬物 ————————————————— 94
　　二、圖騰信仰 ————————————————— 96
　　三、聖賢崇拜 ————————————————— 99
　　四、翁靡信仰 ————————————————— 101
　　五、火 ———————————————————— 102

貴州畢節彝族文化調查研究
代序 以民族文化調查，探尋民族融合經驗

代序　以民族文化調查，探尋民族融合經驗

何善蒙

　　中國自古以來就是一個多民族相依共存的國家，各民族文化保持自己鮮明的個性，又相互吸納和融合，最終形成了凝聚力、熔鑄力、生命力極強的多元一體的中華文化。促進少數民族的全面發展，不僅有利於加強民族間的交流合作，促進民族關係的和諧發展，更重要的是能夠增加中華文化的活力，促進中華文化的可持續發展。然而，當前受經濟全球化和消費型文化的衝擊，我國少數民族優秀傳統文化正在加快流失，許多少數民族文化遺產處於瀕危狀態，我國文化多樣性優勢正在不斷喪失。如果任其發展下去，勢必對少數民族的自尊心和自信心造成嚴重影響，對中華文化的生機和活力造成嚴重影響，對中華民族的凝聚力和向心力造成嚴重影響。因此，在強調中華文化偉大復興的背景下，如何重新認識並弘揚優秀少數民族文化的傳統，實現其在當代背景下的有效轉換，這無論是對於少數民族的文化傳統的繼承和弘揚來說，還是對於中華民族優秀文化的現代轉換來說，都是有著極為重要的現實意義的。

　　貴州是個少數民族聚集的大省，由於地處偏遠，山水相隔，與外界及相互間交往較少，這些少數民族以及各個分支都長期按照各自不同的自然環境在生產、生活中傳承和發展著自己的歷史，形成了人類學上極為獨特的「文化千島」現象。無論是其中的傳統節日、舞蹈、歌唱、戲曲、服飾、傳說、故事、風俗習慣、娛樂競技等，還是具有獨特地方特色和民族風格的風雨橋、鼓樓、吊腳樓等，都從不同角度向世人展示著少數民族文化的魅力與中華文化的風采。然而，如今，貴州省少數民族文化現狀令人擔憂。貴州省少數民族文化原本就缺乏完善的傳承體系，隨著經濟發展、現代化進程的加快，貴州省內大量人口外遷，再加之原住民的文保意識薄弱，當地缺乏專門的文保人才，其無疑會面臨著少數民族語言文字失傳、古籍文物流失、民族村消亡、

貴州畢節彝族文化調查研究

代序 以民族文化調查，探尋民族融合經驗

民族文化資源瀕臨滅絕、民族民間文化藝人缺乏接班人等眾多少數民族文化危機。

貴州正是因為有獨特的少數民族研究條件，才使得人們對其中文化發展面臨的問題有更突出的重視。通常來說，對少數民族傳統的調查和研究，主要有以下三個層面：第一，是直觀的少數民族特點，體現在當下少數民族村寨的日常生活中，可以透過觀察和對話記錄得到，例如傳統的建築樣式、服飾特徵和語言文字，可以最為明顯地區別各個民族。第二，是少數民族的歷史，每個民族都擁有自己的歷史，在分享同樣的時間區間時，因為地理環境等因素的作用，發展出了風格迥異的人情和風俗，生活在時間中動態的歷史變化一直延續至今，從發源到逐漸成型，直至今天的民族融合，每一個民族的形成不僅因為相對封閉和隔離突出了區別，很大程度上具有一樣的發展進程形成了共性。特性雖能夠引起人的好奇心，豐富中華文化，但是融合的基礎在於更顯著的共性，因為人性的相通，再長的距離、再奇特的氣候都能在一個行為習慣上找到大家一致認可的理由。第三，即是由歷史變化衍生出的民族融合，雖是一種必然的發展過程，卻是發展過程中意義特殊的階段。在交流越來越便捷的情況下，豐富多彩的少數民族習俗可能會由於追求生活的高效，逐漸變得一致化和公式化，但是民族融合既然是不可缺失的部分，並且在歷史的動態性中造成重要的作用，關注民族融合是研究融合的原因和融合的方式以及融合的結果，並非以融合的目的去探求民族融合。事實上融合併非意味著一種文化的消亡，而是意味著一種文化的新生，每一個民族文化的產生都是在實踐借鑑中成型的，而保留至今、能夠使人們認可並且視作瑰寶的部分，都是融合、比較之後被選擇的結果。雖然不能避免融合的同化作用，但是融合的提煉作用相對更為突出。

貴州因是一個少數民族聚居地區，所以產生了其他地區所沒有的、極為獨特的民族融合現象，這種融合既保留有各個民族自身的特點，使得貴州不被稱作某一個民族的據點，又使得每個文化具有很高的接受度和價值性。不論是從單個民族看，還是從多個民族觀察；無論是從單個民族縱向比較，還是從多個民族橫向比較，融合廣泛存在的現象不難發現，有表現一致的融合性，例如一天的作息習慣；也有內涵一致的融合性，例如不同儀式下同樣的

精神追求。這些均對少數民族文化的理解和保護有重要作用。因此，如何深入瞭解貴州民族文化融合性的特點，在當前具有尤為重要的理論和現實意義。

在這樣的背景下，由浙江大學和貴陽孔學共同推出「民族文化與民族融合系列調查」，旨在透過對貴州少數民族文化傳統的深入考察，在儘量反映少數民族文化傳統現狀的基礎上，探尋貴州少數民族融合經驗，並試圖在此基礎上為民族融合提供一種思考的可能範式。這樣的理解對於少數民族文化傳統的梳理和現代轉換來說，是極為重要的；對於中華民族文化的偉大復興來說，也有著非常關鍵的影響。該系列調查計劃用五年左右的時間，儘量囊括貴州境內具有代表性的少數民族，深入少數民族聚居區進行田野調查，最終形成能夠反映貴州少數民族融合特徵的叢書。

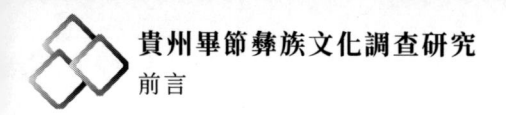

前言

貴州省少數民族分佈廣泛，為了總結貴州少數民族的融合特徵，浙江大學人文學院赴貴州彝族文化調研團成員，深入貴州省畢節市最具有特色的彝族，圍繞「民族文化與民族融合」這一主題，開展了為期十天的調研走訪。調研團成員走遍了畢節市七星關、威寧、赫章、黔西、大方等地的多個村鎮，深入考察了彝族群眾的生產生活、歷史文化、節日習俗等，透過調研報告的形式，如實記錄了本次調研的主要過程及其所得所思所感。調研結束後，調研團成員對調研報告進行系統歸納整合，加工潤色，遂成此書。

第一章 生產民俗

第一章　生產民俗

朱鳴

▎第一節　農業

　　農業形態既跟地理環境有關，也與文明特色有關。地理環境限制了農作物的種類和種植方式，而文明特色又帶來新的生產方式。畢節位於貴州省西北部，地處川、滇、黔三省結合處，位於烏蒙山腹地，川滇黔鎖鑰，貴州高原屋脊，長江珠江屏障。畢節地區是典型的岩溶山區，處在滇東高原向黔中山原丘陵過渡的傾斜地帶，境內多山，西高東低，平均海拔1400米，最高點赫章韭菜坪海拔2900.6米，為全省最高點，因此韭菜坪得名「貴州屋脊」；最低海拔457米。境內山高坡陡，峰巒重疊，溝壑縱橫，河谷深切，土地破碎，高原山地占到93.3%。畢節地區大部屬亞熱帶季風性氣候，但由於海拔相對高差大，垂直氣候變化尤為明顯，山上山下冷暖不同，高原盆地寒熱各異。

　　這樣的地理環境，決定了彝族先民主要種植蕎麥。蕎麥為一年生草本植物，極耐寒瘠，當年可多次播種多次收穫。一直以來，蕎麥就是一種「堅韌」的農作物，在無霜期短、降水少且集中、水熱資源不足的旱作農業區和高寒山區都能較好地生長。因此，畢節地區的彝族先民以種植蕎麥為主。目前，四川涼山州仍然是蕎麥的主產區之一，而涼山州也是彝族聚居地區之一，並且與畢節的地理環境相似。而南方地區的主要作物水稻，則在畢節地區較難種植。《貴州通志》曰：「大定山高氣寒，霧霧朦朧，四時皆然，五六月無酷暑。箐林樹木，經冬不凋。土寒地瘠，畢節以西，種惟宜莜，而稻穀鮮登。」《大定府志》曰：「山勢雄峻，寒氣襲人，霧霧貫四時，盛夏無酷暑，箐木經冬不凋。地少平原，土地瘠薄，穀稻鮮登，種惟宜蕎。花果遲於他郡。」時至今日，雖然蕎麥已經不是主要農作物，但是蕎麥餅、蕎茶、以蕎麥花作為蜜源的蜂蜜仍然是畢節地區彝族的傳統食品。

　　與此同時，彝族先民以刀耕火種的傳統農業生產方式為主，牛耕等不普遍。由於無法建構固定的農田，以刀耕火種的方式在草場耕種一至兩季後，

貴州畢節彝族文化調查研究

第一章 生產民俗

就必須退耕還牧，農用地和畜牧地經常處於不斷變化之中，因此生產力較低。據記載，明初，朝廷曾向水西靄翠徵稅糧 8 萬石，但是水西欠稅糧之事屢見不鮮，即使朝廷把稅糧遞減至 3 萬石，還是不能如數上繳，充分說明了水西地區土地的貧瘠以及生產力的落後。

隨著朝廷對貴州地區統治的加強和漢族人口的持續流入，畢節地區出現了新的生產方式。首先表現在高產作物的引入，以玉米、馬鈴薯為主。玉米和馬鈴薯傳入中國的具體時間，如今已很難考證，傳入畢節貴州地區的時間更是難以考證。一般認為，它們是由漢人傳入貴州地區的。但也有觀點認為，這些高產作物是從英屬印度殖民地經過雲貴高原傳入中國的。如果是這樣，那麼雲貴地區種植這些高產作物的時間應較其他地區要早些。需要指出的是，這些高產農作物品種的廣泛普及，是經過了一段漫長的時間的。可以確定的是，漢民帶來了更先進的生產技術，例如開渠築壩、鐵器牛耕等。《黔西州志》載：「黔西以岩疆下里，而煙連萬井，戶積千箱，曩時所稱刀耕火種之鄉，今皆人浮萬口，大有頻書盈寧，富庶埒中州矣！」《崇禎實錄》載：「崇禎元年二月甲辰，四川監軍參議曹大受言，西南土司，安氏為強。所據之巢，又為天險之隘；水內、水外，盡皆沃壤。」貴州新開墾的農田，康熙時為 66657 畝，雍正時為 25200 畝，乾隆時為 91967 畝，三朝總計 183824 畝。可見明以後，畢節地區的農業生產力有了較大發展。

但是，彝族的傳統農業生產方式並沒有隨著漢民的到來而迅速變化。漢民流入彝族地區初期，被稱為客民，與彝族村寨保持著一定的距離，形成了漢寨。一方面，彝漢之間的交流，使得彝族先民漸漸地學會了漢族的農業技術。另一方面，當地官員也致力於推進農業生產技術的擴散。而在農業生產技術擴散的過程中，民族融合也隨之進行。

需要指出的是，在民族融合的過程中，經濟基礎的互補是重要的基礎。例如，遊牧民族與農耕民族在相互融合的過程中，必然伴隨著農業經濟與畜牧經濟的互補，這使得雙方之間有了實質性的交往。當雙方形成了共同的經濟利益時，全方位的融合才得以進行。並且具有相對先進生產力的一方對另一方的影響力較大。彝族採用了漢族的生產方式後，糧食產量得到了大幅度

的提高。雖然彝族仍舊保持著自己的文化形態、民族形態和政治形態，但不可否認的是，彝漢之間的文化差異日漸縮小，從生產方式到餐桌上的食物，充分證明了融合的程度和深度。

第二節　畜牧業

據彝族創世史詩《勒俄特依》載，彝族作為西北古代氐羌部落南遷進入雲貴高原的分支，必然帶有遊牧部落的某些特質。雖然農業已成為當今彝族的主要生產形式，但畜牧養殖業仍然作為其文化的根基而延續至今，並在彝族的歷史上扮演著重要的角色。

據《勒俄特依》載：

一天圓蹄來渡江，三百母馬帶了來，三百小馬被留下。一天偶蹄來渡江，帶來三百母綿羊，留下了三百小綿羊；帶來了三百母山羊，留下了三百小山羊；帶來了三百頭母豬，留下了三百頭小豬。一天翅類來渡江，三百母雞帶了來，三百小雞被留下。禽獸一起渡了江。

這段記載說明，在彝族先民遷徙的過程中，畜牧業扮演著非常重要的角色。

畜牧業對彝族的傳統文化產生了極為重要的影響。威寧縣板底鄉彝族婚俗音樂撮泰吉中，就描繪了彝族先民馴服野獸的場景。對彝族而言，畜牧養殖業既是生活的保障，也是財富的象徵。彝族土司、土目和有財力的人家祭祀的時候，打殺牛羊動輒數以千計，「打牛遍地紅，打羊遍山白，打豬遍坡黑」。

彝族的畜牧業具有悠久的歷史，馬、牛、羊等的畜養都極負盛名，養馬尤其突出。南宋時，朝廷經常在水西地區征馬。元代，在全國設立了14個養馬場，亦溪不薛（彝語中「亦溪」為江水，「不薛」為西方，故水西稱「亦溪不薛」。）就是其中之一。到了明代，水西養馬仍然很發達，安氏土司就曾貢馬27次之多。《明實錄》載，洪武十五年（1382年），傅友德征烏撒，「獲馬牛羊以萬計」。洪武十七年（1384年），朝廷在西南定易馬額。「烏

撒歲易馬六千五百匹；烏蒙、東川、茫布皆四千」。同年，朝廷與土司進行馬匹交易，「藹翠易馬一千三百匹」。「四川、貴州二都司於西番、建昌、羅羅之地，易馬四千二百五十匹」。在貴州水西地區，「得馬五百匹」。洪武十八年（1385年），四川、貴州二都司，「得馬一萬三千六百匹」。洪武二十一年（1388年），「烏撒軍民府葉原常獻馬三百匹」。可見，黔西北地區馬匹貿易之繁盛。據彝族文獻記載，烏撒的幾個大牧場畜牧業都十分發達：「色翁第一牧場，牛馬染得遍地紅。魯洪第二牧場，羊群鋪得遍地白。米嫩第三牧場，牛羊蕎麥相映襯。色圖第四牧場，九十九座山，山山牧歌傳。」

奢香博物館內所展覽之彝族特產

畢節地區的彝族有一套精細的養馬方法。養水西、烏蒙之馬，需「秣之以苦蕎焉，啖之以姜鹽焉。遇暑渴，又飲之以蘆漿焉」。因此，其馬「體卑而力勁，質小而德全，登山逾嶺，逐電欻欲雲，鄙螳螂而笑蠮螉也」。這一特點與畢節地區獨特的地形地勢密不可分。畢節地區的草場大都分佈於高海拔地區，駿馬生活於層巒疊嶂的山峰間，自然擅長翻山越嶺。由於當地地勢崎嶇，馬是必不可少的交通工具，馬道是連接內外的重要通道。時至今日，彝族群眾仍然用馬馱運糧食和貨物。除了馬以外，驢、騾子等也是重要的交通工具。

除了養馬外，畢節地區豬、牛、羊等的養殖也具有相當規模。歷史上，彝族的大君長分封給「土目」「罵裔」「夜所」租種的土地中，有牛租地、

馬租地、羊租地、雞租地等。養羊為肥田，也為趕氈、製衣和食用。彝族所養之羊，多為山羊和綿羊。山羊環境適應性較強，既可用於肥地，也可用於制皮和食用；而其綿羊多屬於藏羊種，矮小靈活，毛粗短且稀，製成的毛氈結實耐用且保暖性強。且其糞肥的效率較山羊為高，用於肥地較山羊糞好。今天，當地群眾在草坡、山地、河邊等處放養牛、羊、豬的場景仍然隨處可見。

漢族到畢節地區初期，彝族先民已在此處生活多年，掌握了先進的畜牧技術；加上漢族作為農耕民族，對畜牧業並不擅長。因此，這一時期的彝漢融合中，出現了漢族向彝族學習畜牧技術的情形，形成了在漢族生產技術較為發達的大背景下的反向傳播。

清代，「改土歸流」政策實施之前，畢節地區彝族的生產模式較好地維護了地面植被的穩定，該地區生長的草本植物和木本植物既是畜牧業最好的牧草，又具有很好的保土固沙功能，使得該地區的生態一直處於良性的循環之中。然而，「改土歸流」實施之後，大批的移民進入畢節地區，大規模地屯墾牧地、荒山、荒地，建設農田水利，引進高產農作物，開採礦產資源等。這些經濟行為極大地破壞了當地的植被和森林，使得當地原本仙境般的生態環境日趨惡化。清《大定縣誌》載，大方地處西南巨箐，「迨後居民漸多，斬伐日甚，山林樹木所存幾稀」。隨著開發的進一步擴大與深入，黔西北地區的高原溶蝕湖大多已經退變為「干海子」「干溝」。直至近年來，國家實施退耕還林還草工程之後，當地的生態壞境才得以好轉。

第三節　手工業

手工業是從農牧業中分離出來的，其發展天然依託於農牧業，既以農牧業為原料來源，也以滿足農牧業的需求為目的，馬鞍的生產亦是如此。歷史上，水西的馬鞍與水西的駿馬齊名，明包汝輯的《南中紀聞》載：「貴州羅人馬鞍精巧堅固，騎坐人馬俱適，彼國大頭目一鞍，值價百餘金，最下亦十餘金，更無賤惡不堪者。」畢節地區由於山路阻隔，馬是最重要的交通運輸工具，而馬鞍則是馬具中最重要的裝備。因此，畢節地區的馬鞍自古就聞名遐邇。

第一章 生產民俗

彝族的披氈也很有名，據史料記載，其在宋代即與外界交易。宋周去非《嶺外代答》卷五《邕州橫山寨博易場》雲：「蠻馬之來，他貨亦至。蠻之所賚，麝香、胡羊、長鳴雞、披氈、雲南刀及諸藥物。」元代，披氈成為貢品。明洪武十三年（1380年），靄翠就為征討雲南的明朝軍隊貢獻了一萬領披氈。

彝族的漆器酒杯

彝族的傳統服飾全靠手工縫製，工藝極為複雜，僅在重大節日或重要場合穿著。其服飾在款式、製作工藝、圖案裝飾、色彩搭配等方面極具民族特色。如圖案裝飾多為圖騰、鍾愛黑紅黃三色等。

彝族漆器擁有悠久的歷史，是在彝族古餐具的基礎上發展起來的民間工藝品。關於漆器的產生和應用，彝族文獻《克哲》載：

彈毛擀氈阿約阿先來發明；三色漆器阿火且且來發明；金銀飾器俄木阿火來發明；馬鞍韂件支格阿龍來發明；鐵器金屬格莫阿爾來發明；兵法征戰滋咪阿基來發明；剪裁縫補金覺烏基來發明；紡線織布濮莫尼衣來發明；改

土造田普火惹所來發明；造房建屋布盧惹赤來發明；蒸酒釀酒合羅尼渣來發明；狩獵捕獸吉尼多子來發明。

  彝族民間歌謠《萬事萬物的開端》中說，髹漆技術是由大約 1700 多年前的狄一夥甫創造的。相傳，他夢見自己做的鳥形酒壺展翅飛進一片大森林，飛過漆樹後全身都變黑了，飛過杜鵑林後身上又染上紅色、黃色的花紋。於是，他從漆樹中提取出漆，將之塗在木質器皿上，使其有了特別的光澤與亮度。由此，彝族漆器產生了，它包括酒具、餐具、茶具、馬具、刀具、號具以及畢摩（法具）等，約有 100 余種。

彝族的漆器牛角杯

奢香博物館內所藏的彝族漆器

歷史上，畢節地區的礦產資源極為豐富，是我國西南地區鉛鋅礦、煤礦的重要產區。大規模「改土歸流」前，這一地區作為土司的領地，礦產資源的開發受到了嚴格的限制。清代，鉛成為鑄造錢幣的重要輔料，鉛鋅礦資源得到了較大程度的開發。貴州省鉛鋅礦礦點主要分佈在威寧州、水城廳、畢節縣、普安州、平越州、遵義縣、凱里縣、都勻縣、鎮遠府等處。乾隆年間，貴州省年產鉛約 1400 萬斤，而產鉛量最大者首推威寧州，其年產量在 1000 萬斤以上，該州所屬的蓮花廠年產量最高時可達到 500—600 萬斤。《黔語》卷下「鑄錢」條記載：「今每歲威寧之媽姑、羊角、新發、白岩、馬街、倮納、黑泥、三家灣等廠抽科及採辦白鉛四百二十斤有奇，柞子珠礦、倮布戛等廠抽課及採辦黑鉛五六萬斤；大定水銅帕廠，歲辦鉛八萬斤有奇。」

第四節　融合與現代化

從生產活動的角度看，彝族的發展大致經歷了以下三個階段。

第一個階段，是彝族在雲貴地區形成自身民族特色的時期。

這一時期，由於民族與地理環境的阻隔，彝族因地制宜地形成了自身的生產方式。從彝文典籍記載的先民時代到古夜郎國、羅甸國時期，彝族先民主要立足於地理環境與自然資源，採用農牧結合、以牧為主的生產方式。

這一時期，民族融合併不鮮見，見於史籍的則有夜郎國與漢朝廷的聯繫。諸葛亮在平定南中後，將居住在山村的少數民族「徙居平地」，在一定程度上加強了雲貴各少數民族之間的聯繫。但是，由於地理環境的阻隔以及生產力水平的低下，民族之間的交往並不廣泛，各民族因地制宜地發展生產，形成了具有自身特色的生產方式。

第二個階段，是彝漢之間的融合階段。

明代以前，歷代朝廷對黔西南地區及居住於這一地區的少數民族實行羈縻懷柔與軍事打擊並用的政策，這一政策隨著歷代朝廷的更迭而發生變化，但總體上看，以軍事打擊為主。而在政治對立的情況下，軍事打擊只會加深民族之間的隔閡。

第四節　融合與現代化

明代，中央集權制度進一步得到加強，明代政府在總結歷代中央政府治理民族地區的經驗與教訓的基礎上，實現了對於這一地區的有效控制。從生產角度來看，主要是以下幾個因素推動了彝漢之間的融合。

第一，人口。在生產活動中，勞動力是最重要的要素，生產力的發展乃至文明的發展都需要一定的人口基數。明代以後，大量漢族人口不斷遷入貴州地區。由於初來乍到，不熟悉自然環境以及彝族得天獨厚的人口優勢和生產優勢，漢族多聚居在地勢較低，且適宜農耕的土地上，雙方互不干擾，基本相安無事。但隨著農業的發展，漢族人口不斷增多，再加上漢族人口持續不斷地遷入，使得漢族人口的數量超過了彝族人口。時至今日，在彝族人口比較集中的畢節地區，彝族人口的數量也不足兩成。因此，漢族人口的增長是彝漢融合的重要條件之一。

第二，生產技術。漢族進入畢節地區後，帶來了較為先進的農業生產技術，對彝族社會產生了巨大的影響。如農田水利的建設維護、農作物的引進以及曆法等。其中影響最大的是玉米、馬鈴薯等高產作物的種植。這些高產作物既適應了當地的氣候條件和地理條件，又很容易種植、打理與收穫，逐漸普及開來，改變了彝族種植蕎麥的農業傳統，使得彝族的經濟基礎發生了巨變。如今，彝族和漢族的農業生產方式幾乎毫無二致。而生產方式的趨同，必然會帶來民族的融合。

第三，貿易。生產力的發展，必然會促進商業貿易的繁榮，而貿易的繁榮必然會增進貿易雙方在經濟上、政治上、文化上的聯繫。以馬市為例，畢節地區地勢崎嶇，交通不便，馬是最重要的交通運輸工具。漢族不擅長養馬，而彝族卻盛產良馬，於是漢族就需要從彝族手中購置良馬。在交易過程中，必然會產生語言的交流。經商的彝族人就開始學習漢語，瞭解漢族的文化，由此促成了彝漢之間的文化交流。與此同時，漢族也需要全方位地瞭解彝族，例如修地方志，就需要對本地區和生活於此的彝族的歷史和發展脈絡進行綜合考察，以實現雙方更高層次上的互動與交流。

第四，競爭。人口的增長一方面會促進生產力的發展，另一方面也會對環境和生態平衡造成一定的破壞。康熙時，對彝族實行的是寬容和扶持的政

策；雍正時，鑒於涼山「夷人滋事」「搶奪漢寨」，朝廷多次對其採取嚴厲的壓制政策。其實彝漢之間的矛盾，從本質上說是雙方競爭生存資源的外在表現。雖然競爭造成了雙方一定程度的對立，但從總體上看，這種對立是民族融合中的插曲，並不能阻擋民族融合的歷史潮流。

第三個階段，是新中國成立後，在生產方式大變革基礎上的融合。

畢節地區推行集體經濟後，各類生產組織在一定程度上打破了民族的界限，彝漢之間的民族差異也由此日益縮小。而市場經濟的繁榮，使得民族之間的融合得到了前所未有的增強。工業和服務業的發展，農業現代化的推進，城鎮化進程的加快，使得大量農業人口湧入城市。在畢節地區，無論哪個民族，都有大量人口外出務工，融入現代社會，彝漢之間、彝族和其他少數民族之間的差異都在急劇縮小。在此背景下，保護少數民族的特色文化也就變得迫在眉睫了。

但是，我認為這是各民族一起，經受現代文明的洗禮，走在現代化的道路上，而不屬於傳統意義上的民族融合。因為民族的融合是民族間經濟、文化以及生活習慣密切聯繫的結果，是建立在民族差異的基礎上的。先進的文明因子對各個民族有著巨大的吸引力，在民族間的交往中不斷擴散，最終使得各民族共同進步。近代以來，面對落後於西歐的情勢，中華民族也主動吸收發達的文明因子，最終實現了重新崛起。在這一過程中，漢族與彝族都是被影響的一方。因此，當今各民族的同質化，不是傳統意義上的民族融合，而是各民族共同行走在現代化的道路上。

第二章　商貿服務業民俗

紀韋舟

彝族最早的貿易形式是物物交換，主要是彝族人內部之間的交易，偶爾與外界也有用黃金白銀進行的交易。其交易不是以盈利為目的，而是為了獲取自身所需的物品。

彝族自古就擅長養馬、牛、羊、豬、雞等牲畜，在長期的養殖實踐中，積累了很多寶貴的經驗。如以辣椒、木姜子、桔梗餵母羊，能促進其發情，使交配期提前；給牲畜餵鹽，可以增強牲畜的抵抗能力等。馬匹是畢節地區彝族貿易的主要對象，戰時將馬匹賣給朝廷，平時則用馬匹來換鹽。時至今日，板底地區的馬、牛、羊、豬等的交易仍然很發達。

彝族先民最早的農業作物是蕎麥，徐光啟的《農政全書》載：「大定山地，多種蕎麥，有春蕎、秋蕎之別，歲可再收。」除蕎麥外，畢節地區還種植玉米、馬鈴薯等高產作物。雖然農作物的品種增加了，但受限於生產力和生產關係的落後，彝族人民的生活一直十分艱辛。一直到實行土地改革後，彝族人才有了自己的土地，生活狀況才有了好轉。1981年，畢節地區普遍實行「家庭聯產承包責任制」，彝族人才逐步實現了「治窮致富奔小康」的目標。實行集體經濟前，因為生產力落後、自然條件惡劣等原因，彝族人的糧食產量很低，僅僅能維持自給自足。如今，糧食交易已成為彝族人比較主要的經濟來源之一。其中，當地出產的豆製品、辣椒等還成為重要的出口產品，為彝族人帶來了不菲的經濟收入。

畢節地區屬於典型的喀斯特地貌，廣佈的石灰岩洞穴，為古人類提供了天然的居住場所，為我們遺留下了眾多的古人類活動遺址。在這些遺址中，發現了大量的陶器、青銅器等，充分說明了彝族手工業的發展水平。彝族雖然主要從事農牧業，但其手工業生產也相當發達，彝族漆器、馬鞍、銀飾等產品久負盛名。雖然彝族手工業的歷史悠久，但其一直作為農牧業的補充，自產自銷。

貴州畢節彝族文化調查研究
第二章 商貿服務業民俗

如今，不少彝族村寨開始大力發展旅遊業。旅遊業不僅對宣傳彝族的優秀文化產生了積極的影響，還帶動了當地其他方面的發展，如促進了餐飲業、住宿業等服務業的發展，產生了良好的經濟效益。但總體而言，當地的旅遊業發展仍處於起步階段，沒有形成規模性的經濟效應。以板底為例，作為一個新興的彝族文化旅遊小鎮，保持了傳統的建築風格和濃郁的民族特色，但由於地處偏僻、交通不便、資金支持力度不夠等原因，其旅遊業的發展面臨著「先天不足」的劣勢。因此，要想實現旅遊業的跨越式發展，必須要克服重重困難。

下面，主要介紹一下畢節地區的集市貿易。

畢節地區自古就有以彝曆十二獸名：虎、兔、龍、蛇、馬、綿羊、猴、雞、狗、豬、鼠、牛記場期、命場名的傳統，每一街、場輪轉十二日為一個趕集日。如今，這種傳統在畢節地區仍保存得較為完整。

十二獸紀年集市具體表現為：

嚕啟：即逢虎之日趕集的街、場。今大方與納雍交界處的貓場，為古代水西「以裡家」的嚕啟（虎場），民間俗稱貓場。附近的臥這貓場，古為水西宣慰府駐地，今為樂治鎮駐地。

塔洛啟：即逢兔之日趕集的街、場。今納雍縣城即塔洛啟（大兔場），小兔場為維新鎮駐地。

俫啟：即逢龍之日趕集的街、場。今威寧龍街和畢節與金沙接界處畢節一側即俫啟（龍場）。所屬各縣有多處龍場，今仍存其名。

舍啟：即逢蛇之日趕集的街、場。今黔西沙窩和威寧黑泥塘往北十公里，均是舍啟（蛇場、蛇街）。由於生意人忌諱蛇與蝕音同，漢語稱蛇街、蛇場為小龍場。

姆啟：即逢馬之日趕集的街、場。今大方馬場和威寧龍街以北，納雍縣鍋圈岩鄉的駐地即是姆啟（馬場）。

第四節　融合與現代化

合啟：即逢綿羊之日趕集的街、場。今大方縣城往南沿清畢公路行十五公里，即是合啟（綿羊場）；威寧羊街也是合啟，該地建有「羊街水電站」。納雍陽長即古之「果偉羊場」。

諾啟：即逢猴之日趕集的街、場。今黔西猴場距東風水電站、洪家渡水電站、織金洞不遠。納雍猴場為「千里烏江第一漂」的起點；大方縣猴場位於大方至納溪的大納公路的右側。

阿啟：即逢雞之日趕集的街、場。從織金洞往北，便是大方境內的阿啟（雞場）。

取啟：逢狗之日趕集的街、場。由今大方縣城的西大街沿大納公路北行四十公里，是大方境內的取啟（狗街），又稱其地為「金狗場」，後改名為「瓢兒井」，是有名的「蕎花之鄉」。

瓦啟：即逢豬之日趕集的街、場。位於大方縣城南邊，舊時為法沙、白布兩土目家的瓦啟（豬場），今被漢譯為珠藏。納雍水箐豬場，今為豬場鄉的駐地。

哈啟：即逢鼠之日趕集的街、場。由大方城往西經白布，上洛啟坡，過占道，便是哈啟（鼠場）。納雍曙光鄉古名鼠場。

女啟：即逢牛之日趕集的街、場。今威寧二塘鎮駐地就是女啟（牛場）。威寧牛街（女啟）往南，可達哈喇河。大方城西境的牛場，舊時為通往織金的要隘。

1993 年，畢節地區實施撤區並鄉建鎮之後，全區彝族分佈較多的一百零二個鄉內，平均每鄉有一至三個集市貿易街、場。每處街、場上，由供銷合作社負責生活必需品和農具、農藥、化肥等生產資料的供應，並對茶葉、辣椒、毛皮、生漆等農副產品和天麻、竹蓀、杜仲等藥材，發放預購定金，扶持其發展。改革開放以來，畢節地區透過合法經營，獲利致富的彝家人比比皆是。

總體來說，受限於地處偏遠、交通不發達等不利條件，畢節地區的整體生產力水平不高，再加上長期沿用古老的交易方式和生活方式，使得當地的

經濟發展較為落後。新時期以來，當地政府不斷加大精準扶貧工作力度，制定了科學合理的發展政策，促進了當地的全面發展。

但當地經濟的先天不足，決定了今後的發展之路，必將任重而道遠。

第三章　生活民俗

盧穎鈺

第一節　服飾民俗

　　畢節彝族的服飾原料大致經歷了從麻、羊毛到絲、棉，再到纖維、喬其紗等的發展歷程。

　　由於彝族歷史悠久，支系眾多，分佈廣泛且分散，因此，其服飾也就多姿多彩，風格獨具，帶有濃厚的地域色彩和民族色彩。根據彝族服飾民俗的地域表現和支系表現，可將彝族服飾劃分為六型十六式：

　　涼山型——美姑式、喜德式、布拖式；

　　烏蒙山型——威寧式、盤龍式；

　　紅河型——元陽式、建水式、石屏式；

　　滇東南型——路南式、彌勒式、文西式；

　　滇西式——巍山式、景東式；

　　楚雄型——龍川江式、大姚式、武定式。

　　（按照 1987 年秋，彝族服裝全國巡展中的展品來進行分類）。

　　貴州彝族服飾主要屬於烏蒙山型，主要分為長裙、無飾長衣和長花衣。《貴州省志·民族志》中，對這些服飾進行了詳細介紹。

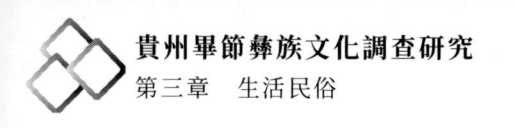

一、長裙

名稱	顏色	樣式	花紋
頭飾	青、白	將一條嵌銀扣的青色窄布帶纏繞於額後，外包白布帕，帕上加一條繡花頭巾	太陽圖、幾何圖、太極圖
上衣	青、藍	左衽短衣	祥雲、火焰
長裙		百褶長裙——自織羊毛、麻布或土布	

二、無飾長衣

右衽，領高約一寸，長及膝下一尺左右，前後兩幅均為中縫製成。布扣，開衩，袖長及腕，整套衣服無任何刺繡、花邊等裝飾，是彝族成年男女和老年人的常服。

不同於其他彝族婦女的頭飾，威寧馬街婦女的頭飾非常繁複。先將一條嵌銀扣或白色紐扣的青色窄布帶纏繞在額後，外包白帕，白帕上加一條三指寬的勒條；然後在頭上蓋一塊繡花頭巾，頭巾下方綴有一條長飄帶。（飄帶用五色布做成，上面繡有太極圖、太陽圖、幾何圖案等。）再將飄帶沿著兩只耳朵斜著向上，在額前纏繞成「人」字形，在額後纏繞成「一」字形，使其末端呈麥穗狀。

三、長花衣

長花衣的樣式與無飾長衣大致相同，區別僅在於服飾上裝飾有各種花邊和圖案。從左肩過胸至腹下，繡有不同圖案組成的花邊；前衣片從腋下經左衽至後幅，用花邊組成絢麗的裝飾帶。其為威寧、六盤水等處的彝族婦女的常服。

彝族服飾中，還有一些比較特殊的配飾，如腰帶、圍裙、布鞋和披氈等。

彝族的男女一般都繫腰帶。彝語中，將腰帶稱為「若賒」。彝族的腰帶長一丈或一丈五尺，多用白布或者青布做成。因為出沒於崇山峻嶺之中，腰帶對彝族人來說非常重要，除了防止衣服散開之外，還具有保護腰部、裝飾美化的作用。

為了保持衣服的整潔，彝族婦女還常常佩戴圍腰。圍腰發展到現在，除了具有保持衣服整潔的功能外，還成為彝族婦女展示藝術天分的重要舞臺。她們除了在圍腰上繡上各種各樣的圖案外，還在末端抽出緯線和絨穗等進行裝飾。

彝族的布鞋也獨具特色。彝族婦女常穿一種鉤頭繡花鞋。其鞋為鉤形，鞋面上繡有紅、黃等色的花紋圖案，鞋幫上繡有彝族特有的「摳圓」圖案，鉤尖至鞋口繡有深色條狀的花紋。彝族男性則穿平頭皮底釘鞋，牛皮為底，再加上鐵釘，即使走在山路上，也不會打滑。

彝語中，稱披氈為「許苟」「許巴」等。白天披在身上擋風禦寒，夜晚則當被縟。披氈的原料有羊毛、茅草、棉麻、皮革等，而羊毛製成的披氈，只有地位較高的人才能使用。因此，披氈在某種程度上成為社會地位的象徵。一般來說，彝族男性的披氈，上部有褶皺，氈口穿一條毛製繩索作系結；氈腰處有一道與氈尾平行的腰道，腰道上綴有長約五寸的須條，用作裝飾。而彝族女性的披氈既無皺褶，也無腰道。

除了成年男女的服飾之外，彝族的童裝也極具民族特色。彝族的童裝無男女之分，一般都是上衣加褲子，但童帽卻是別具特色的。女孩子常戴絨球吊穗繡花帽，該帽由三塊青色布料縫合而成，接縫處多用黃色布或者紅色布滾邊鑲飾，圓頂上平繡花卉，用彩色絲線繡成細滾邊。帽前綴有紅色毛絨球，依次排列至帽耳，帽耳微垂，有白底黑線條的「摳圓」圖案貼繡其上。帽後垂吊有紅色打結絲線穗六組。此外，還有一種嬰兒專用的繡花雙垂帶帽。該帽以青色和藍色為主，上面貼繡有「摳圓」圖案，旁邊平繡紅色或者黃色花朵，花朵間繡有綠色的枝蔓。帽後接有橢圓形的帽尾。整個帽子前高後低尾尖，在尖尾處縫有兩條白色或藍色鑲邊的飄帶，飄帶長至小孩的腰部，下端結有絨穗。此外，彝族的虎頭帽、鳳尾帽等，也都十分獨特。

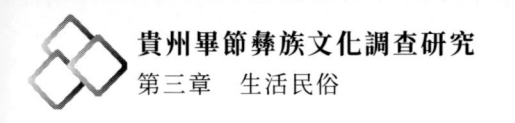

第二節　飲食文化

一、主食

　　畢節地區雖屬亞熱帶季風氣候，但是地處山區，水土流失較為嚴重，不適合種植水稻，玉米和馬鈴薯等耐旱作物成為當地的主要農作物。畢節人常常將玉米磨成玉米面，加工成各種食品，其中玉米麵饃和玉米稀飯比較常見。除了作為食品，還可以玉米為原料加工酒、糖和粉線等。畢節的馬鈴薯具有脆、硬的特點，畢節彝族人除了直接燒煮或與苞谷飯同蒸外，還會將馬鈴薯切片油炸後，再與炸辣椒、炸花生等同炸，成為一道當地美食。另外，馬鈴薯還是喂牲畜的飼料之一。

　　除了玉米和馬鈴薯，畢節地區彝族人民的食物還有大米、蕎麥和豆製品等。

　　蕎麥是非常具有彝族特色的一種食物，既可以做主食，還可以做蕎酥點心。值得一提的是，蕎酥在明朝是彝族朝貢的佳品之一。而由蕎面製成的饃——「蕎粑粑」，在當地極受歡迎。除此之外，比較常見的還有蕎麥飯、蕎麥涼粉等。

　　現在人們常常食用的大米，過去在畢節彝族人家卻是十分珍貴的，屬於招待客人的食品。

二、肉食

　　由於牧草資源比較豐富，畜牧業較為發達，畢節彝族人家餐桌上不乏豬肉、牛肉、羊肉、雞肉等菜品。狗肉、馬肉和蛇肉，在彝族傳統中都是禁止食用的。但是隨著社會文明程度的提高，如今這些禁忌沒有那麼嚴格了。

　　肉類的加工方式，以燒煮為主。彝族有一道叫「砣砣肉」的名菜——先將肉砍成塊狀，然後放在鍋內燒煮。肉塊越大，說明來客越尊貴。「蓋碗肉」也是彝族的一種傳統美食，因其形如塊狀，可以蓋住碗，所以得名「蓋碗肉」；又因食用時，要用手托著吃，又稱為「手幫肉」。跟「砣砣肉」一樣，「蓋碗肉」的肉片越大，說明客人越尊貴。

除了直接燒製鮮肉外，彝族人家還常將多餘的肉加工成火腿和臘肉等，長期儲存起來。這些臘味食品，也都風味獨特。

三、酒

酒是彝族人家飲食結構中必不可少的部分。彝族諺云，「無酒不成席，有酒便是宴」。因此，迎客、婚喪、日常聚會、節日慶祝等場合，都能看到酒的身影。

彝族人最喜歡的酒是咂酒（又叫「桿桿酒」）。咂酒常用玉米或蕎麥釀製，將原料粗磨，加水蒸熟，倒入簸箕內降到一定溫度後，把穀物的外殼篩除，在簸箕內封閉放置一段時間後，移入壇內發酵兩三個月之後，酒香濃厚。常見的飲用方式是用中空的麻管或者竹管吸。每逢盛大的集會和活動，眾人圍著一個可容五六百斤的大龍壇，將若干根竹管插入壇中同飲，其情其景，別具特色。

另據《大定府志》載，1861 年，石達開途經六寨時，當地民眾就以咂酒盛情款待，其還留下了《咂酒詩》：「千顆明珠一甕收，君王到此也低頭，五嶽抱住擎天柱，吸盡黃河水倒流。」

▍第三節　飲食習慣

畢節地區彝族為一日三餐制，首餐叫「抽阻」，中餐叫「著阻」，晚餐叫「籌阻」。比較特殊的是，彝族的早餐和午餐是正餐，全家一起吃，而晚餐是副餐，誰餓了誰吃。

和漢族相似，彝族的餐桌文化也是比較發達的。當彝族人家有客人到訪時，不管主人家有沒有吃過飯，也不管客人有沒有吃過飯，都要備餐待客。如果來的是男性客人，那麼就由男主人陪；如果來的是女性客人，則由女主人來陪。主人要做的就是勸客人多吃多喝，直到客人放下碗筷為止。而客人要在主人勸飯之後才能動筷，並且接菜的次數不宜超過三次，否則會被認為不禮貌。當客人和陪客的主人都吃完以後，其他的家庭成員才能吃飯。

在招待客人時，酒是不可缺少的。清中期起，畢節彝族婚宴中形成了「九大碗」的習俗，從此以後，酒和席合而為一。酒是彝族人表示禮節、聯絡感情的重要飲品。在彝族舊禮中，一般要敬客人三杯酒，第一杯為啤酒，其他兩杯為白酒。除了特別重要的客人以外，都是酒過三巡以後才能吃飯的。但是現在人們大多都飲用白酒，也不再僅限於三杯了。

此外，彝族人在節日聚會時常常喝「轉轉酒」。顧名思義，「轉轉酒」就是一大群人席地而坐圍成一個圈，一碗酒放在當中，誰想喝就拿起來喝一口。這種喝酒的方式很隨意，也很容易點燃喝酒的氣氛。而在喝酒的同時，人們也會唱歌助興，彝族比較有名的敬酒歌，就是由此產生的。

第四節　居住習俗

一、住地選擇

畢節地處滇東高原向黔中高原丘陵的斜坡地帶，境內山脈鋪陳，西高東低，平均海拔 1400 米，因此畢節彝族人民選取住址時往往受到山脈地形的制約。

彝族傳統中，最理想的住址地形是後、左、右都被低山環繞的「簸箕形」，畢節市大屯鄉的大屯土司莊園就是依「簸箕形」而建的一個典型彝族土司莊園。

與漢族風水傳統不同的是，彝族並不受「坐北朝南」建制的影響，以大屯土司莊園為例，其坐向就是「坐東朝西」的。

二、房屋形制

早期，畢節彝族的房屋大多是茅草房。這種房屋用分叉的圓木做成支柱（彝族名為「果忍」），搭梁，架椽，在木頭上繫上茅草或者野竹。四周牆壁有用圓木拼接而成的，也有用竹子編成籬笆後敷上泥土而成的。起初，人和牲畜沒有分開居住，常常擠在一個屋裡。

茅草房中有一種比較特殊的五柱茅草房，顧名思義，就是房屋由五根柱子隔成四排三間。最主要的、最顯眼的是堂屋，它是全家飲食、聚會、待客和祭祖的房間。在堂屋裡面，還會在位於前面的兩根柱子之間隔出「燕窩」樓，後壁放置神龕，地面中央會設一個高於耳間的火塘，用作儲藏牲畜飼料之用。由於堂屋還有祭祖之用，秉承「神位之上禁止踩踏」的原則，因此其上不會設樓。耳間的用處也比較特殊，右耳間常被用作長子的婚房。除長子之外，其他兒子的婚房就比較隨意了。耳間裡還有用木板、竹篾、茅草等製成的器具，用來保管糧食或者睡人。

畢節彝族的等級比較森嚴，因此大戶人家的房屋建制從規模、樣式到細節處的花紋都很有講究。普通的富戶人家，房屋有「三合頭」和「四合頭」兩種。三合頭，即在正房的左右再建左右廂房，先建右，後建左，右為大；正房前有圍牆連接兩間廂房，稱為「三坊一照壁」。四合頭，又稱「一顆印」，是兩邊對稱的房屋樣式，在四合頭裡，設東南西北四道門，這四道門並不同時使用，而要根據主人的「八字」和年份來使用。在彝族的房屋建制中，最高等級的當屬土官的房屋樓宇。根據「奇數為好」的原則，彝族土官的房屋修建主要有一重堂、三重堂、七重堂和九重堂。地位越高，則重數越高，九重堂就是明代水西安氏土司建築的最高規格。

彝族在建築方面的禁忌有：忌地基下陷、柱子倒立、屋門朝向岩洞等。此外，由於彝族人以「一、三、九」為吉祥之數，因此在修建樓梯的時候，常常修建一、三、九階的臺階，而臺階的數目很少出現偶數。

三、花紋雕飾

彝族崇拜虎、火，因此在彝族的房屋裡，常常可以看到虎面紋和火紋。虎面紋雖然比較簡約，但是極為生動。

四、顏色

以紅、黑、黃為主。

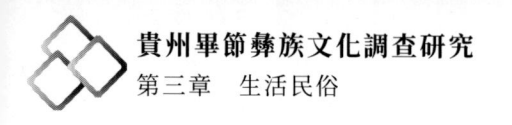

五、碉堡

出於保障安全、軍事防禦的需要，土司也會修建碉堡。碉堡數目也為奇數，不為偶數。

第五節　醫療衛生習俗

在現代醫療普及以前，彝族地區的醫療衛生與當地的自然環境緊密結合在一起，醫藥和治療方法都脫離不開自然地理環境的限制。因此，在貴州威寧彝族聚居處，地方草藥成為現代醫療普及以前的主力軍，也有較多的醫藥文獻保留下來。

明代以前，彝族的醫藥經驗多散見於各種經書、史書、地方志中，零星分散；明代以後，才出現了比較專業的醫藥典籍。

一、《雙柏彝醫書》（《明代彝醫書》）

《雙柏彝醫書》是一部典型的彝族藥方書籍。因其發現於雲南雙柏縣，故稱《雙柏彝醫書》；又因其成書於明代，所以又稱《明代彝醫書》。

《雙柏彝醫書》主要對彝族民間零散的醫藥經驗進行系統化整理，分類論述，是對明代以前彝族人民醫藥經驗的總結。它記載了大量的彝族醫藥經驗，詳細說明了多種疾病的治療藥物和使用方法。而這些疾病和藥物，都具有很強的民族性和地方性。

特別值得一提的是，該書記載了豐富的動物醫藥知識，從動物的器官到皮毛、油脂等，都分類進行了論述，體現了彝族醫療對於動物醫藥的運用達到了幾乎與植物醫藥不分上下的程度。

總而言之，《雙柏彝醫書》較客觀準確地反映了彝族民間傳統的醫藥知識，是一本「經驗方集」。它所記載的病種是彝區常見的、多發的；它所收錄的藥方和療法是彝族人民迫切需要的。所以，它經一代代彝族人民輾轉傳抄，流傳了四百多年而不失。

二、《獻藥經》

《獻藥經》的全稱是《作祭獻藥供牲經》，成書於明嘉靖十四年（1576年），是一部珍貴的彝族古典著作。該書是彝族宗教經典《作祭經》中的重要篇章，包含著豐富的醫藥學知識，反映了彝族古代的醫學思想。

在畢節彝族地區，畢摩在祭奠死者時，需要唱誦《作祭經》，從死者出生，一直講述到死者死去。雖然《獻藥經》是彝族宗教儀式的重要組成部分，但是它裡面包含的醫療思想和醫藥學知識，使其成為研究彝族醫學的重要文獻之一。

《獻藥經》載：「自古藥有九十九，病有一百二十種。」該書列舉了三十五種病名，七十六種藥物。而書中所列的七十六種藥物之中，既包括常見的草藥，還包括許多可入藥的動物。和中醫的複方藥不同，彝族的藥方常以一種藥物為主。雖然也偶有複方藥，但常常雜有宗教色彩。

總而言之，該書所包含的醫藥內容既在一定程度上說明了彝族醫藥在整個彝族發展史中具有的重要作用，也反映了醫藥知識透過宗教經文傳播的獨特路徑。

三、《名醫別錄》

《名醫別錄》主要記載了彝族醫藥中比較特殊的一部分——礦物藥，如空青、曾青、膚青（推青）、樸硝（芒硝）、硝石、溫泉（硫黃）、金屑、銀屑、扁青、青碧、鹽、琥珀等。這些礦物藥體現了彝族用藥之廣泛，其中有許多和中醫藥相通之處。

除了上述提到的文獻以外，許多彝族文獻中還零星記載了一些彝族醫藥學的知識和理論。如彝族人民最為重視的《指路經》中，就有不少彝族醫學知識的內容。由於這些記載過於分散，因此現在關於彝族醫藥文獻方面的研究，主要侷限於以上幾種文獻中。

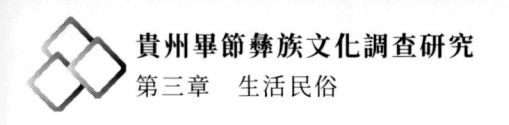

四、治療方法

彝族是一個諸事常由畢摩參與主導的民族，在醫療方面也不例外。當彝族人家有人生病時，人們不僅會按照流傳的各種藥方來治病，還會請來畢摩進行「驅邪」等。在「驅邪」時，畢摩先誦讀經文，然後熬製一碗特殊配方的「神湯」讓病人服下，以求達到徹底「祛除邪祟」的目的。從彝族這一特殊的巫醫療法可以看出，彝族的宗教儀式中也包含著豐富的醫藥學知識。

五、草藥名稱

與四川大涼山的彝族相比，貴州威寧的彝族較為開放，因此其對草藥的認識與傳統中醫較為接近。例如在稱呼同一種草藥時，四川彝族有自己特有的稱呼，而貴州威寧彝族則常常採用漢族的稱呼。

第四章　社會民俗

王建飛

▌第一節　制度與規範

本部分所論述的制度與規範，主要包括家族制度、家族規矩、居民居住制度以及村落基本制度，不包括倫理道德上的規範和禮節。

一、家族制度

畢節地區彝族的家族制度以宗法製為核心，以家支制度為基礎。

彝族的宗法制曾經存在了數千年，嫡長子繼承製全靠血親來凝聚和維系。為了加強這條紐帶，以「同姓相扶」為主，「血親（姻親）相扶」為輔，與異姓結盟作為補充，這點在彝族經典《喪葬禮俗經》中表現得尤為突出。如在喪葬儀式中，由子女、同姓、血親、結盟的散發而「破死」、「哭靈」、唱跳《肯洪》、誦《那史》，強調各自的倫理義務，表達民族的親和力。

作為彝族社會基本組織的家支，則是彝族傳統社會結構的重要組成部分。家支產生於父系社會，同一男性祖先的子孫稱為一家，男性祖先的兒子分別為一房，各房不斷繁衍，人口不斷增多，形成家下面的支，而家與支組合為一個家支。到了九代或十代，一般都要舉行分支（分家）儀式；新分出來的家支隨著時間的流逝和人口的增加，又形成了新的家支，到了九代或十代以後，又進行分支儀式。如此循環往復，繁衍生息。每個家支都以其男性祖先之名為本家支名稱，如水西安氏的遠祖是默德施，一般簡稱為德施氏；後來出了著名的祖先妥阿哲，又稱為阿哲家。但也有以分支地點的地名為本家支名稱的，如那樓家（鹽倉）、阿芋陡家（會澤）等。家支發展到後來，人口越來越多，各個家支以父子連名的譜系來維系，形成共同的祖先崇拜信仰。家支實行嫡長子繼承製，以長房為大，稱為「義摩」家，主持家支內部的祭祀及其他重大活動。各家支只有在舉行分支儀式以後，才可以互相通婚；否

則不能通婚。家支內部既有相互繼承財產的權利，也要承擔互相幫助、共同禦敵的義務。

家支制度的一項主要內容就是父子連名制。父子連名制是父系氏族的產物，在我國，除彝族外，哈尼、景頗、基諾、獨龍、怒、佤、苗、瑤、珞巴、維吾爾、哈薩克、塔塔爾、塔吉克、烏孜別克、柯爾克孜、俄羅斯等族都曾經使用過父子連名制，其中有些民族至今仍在使用。

父子連名制有正推順連法、逆推反連法和冠姓連名法三種主要形式，而彝族的父子連名制主要是正推順連法，即父名在前，子名在後，以父名的最末一個或二個音節冠於子名之前，又以子名的最末一個或二個音節冠於孫名之前。如此世代相連，猶如鏈條一環扣一環。

而在家支中，也有自身的領袖。小至一個家族，大至一個家支，都有族長。通常，家族都有長房和族長。長房指族長先祖的長子後裔，彝語稱為「恆莫」。「恆」即房，「莫」即大，大房即長房，長房主要透過家譜掌握家族的來龍去脈，理清歷代成員之間的關係。族長既可由分宗族或分家支的源頭長房世襲，也可由族人經過民主選舉產生。其主要職責有：掌管宗族或家支的公產、處理族內糾紛、主持祭祖及婚喪嫁娶等儀式。一旦族人利益受到侵犯，還要負責組織和率領族人進行反抗。而比較大的宗族或家支，還要選舉一至三名理事，協助族長處理族內事物。這些理事常由族內或者家支內德高望重的長者擔任。需要特別指出的是，在彝族畢節地區，長房和族長既可統一於一身，又不求合二為一。

二、家族規矩

彝族均稱家、家族為「野」，一家一族稱「塔野」。在畢節彝族地區，家與家族的概念相同，二者為同等地位。每個家族，均建有祠堂，立有族規。族規是宗族家族成員共同制定的、用以約束和教化族人的宗族法規，是維繫家族組織，並使之鞏固發展的重要工具之一。凡家族男性成員，均有管理族內事務之權利，有相互扶持、維護族威、合力抗外之義務。凡族中重大事務，

均由族長召集的家族會議集體討論決定。對違犯族規的族人，族長有權根據宗規族約給予制裁。

舊時，各家族都有自己的族規。在彝族社會，常見的族規有嚴禁乞討；不同等級不許通婚；一家有喪，全族為孝；無嗣者，族人有遺產繼承權；維護族人的權益和宗族的尊嚴等。隨著社會的進步和文明的普及，許多古老的族規或由各類法律法規所代替，或隨時代的變化而逐漸消失。

而在畢節彝族地區，彝族傳統的族規主要以制裁法的形式出現，如亂倫制裁法、謀反制裁法、乞討制裁法等。下面將對畢節地區的主要制裁法，分類加以解釋與說明。

1. 亂倫制裁法

亂倫制裁法，彝語稱「也尼麻嘎治煮」。烏撒古代彝族習慣法規定，凡犯亂倫罪者，一律處以火刑或活埋。

2. 謀反制裁法

謀反制裁法，彝語稱「打素鋪治煮」。烏撒古代彝族習慣法規定，凡是組織或參加謀反活動者，不論情節輕重，一律處以斬首。

3. 乞討制裁法

乞討制裁法，彝語稱「托扣素治煮」。烏撒彝諺說：「寧可餓死，不能行乞。」在烏撒古代彝族社會，乞討被視為可恥、無能的表現，不但有損彝族尊嚴，而且是一種犯罪。因此，烏撒古代彝族習慣法規定，一旦發現家支內出現乞討者，族長有權召集全族大會，宣布開除其族籍，與其斷絕一切關係。

4. 縱火制裁法

縱火制裁法，彝語稱「朵婁素亞鋪治煮」。烏撒古代彝族習慣法規定，對因與他人有仇恨、矛盾等而故意放火燒燬他人財物的犯罪行為，要根據造成損失的程度進行制裁：造成損失不大，情節也輕微者，縱火者賠償損失後，

獻酒道歉即可；造成較大或重大損失者，縱火者除要賠償損失外，還要被處以砍手的處罰；造成特大損失，且情節特別嚴重者，處以砍首。

5. 投毒制裁法

投毒制裁法，彝語稱「此朵格素治煮」。烏撒古代彝族習慣法規定，對因與他人有冤仇而故意投放毒物於水源、食物內，人畜飲用後造成傷亡的犯罪行為，要根據造成危害的程度予以處罰：未造成人畜死亡者，除獻酒道歉外，還要處以砍手；造成人員死亡者，處以砍首。

6. 休夫制裁法

休夫制裁法，彝語稱「約格素治煮」。烏撒古代彝族習慣法規定，妻子休棄丈夫，除必須雙倍退還男方聘金聘禮外，還要為男方重新物色一配偶。

7. 造謠制裁法

造謠制裁法，彝語稱「亞都兜素治煮」。烏撒古代彝族習慣法規定，對出於某種不良動機而故意無中生有，造謠生事，嚴重影響族間、鄰里關係的犯罪行為，要獻酒道歉；如造成極大損失者，要處以割舌。

8. 偷盜制裁法

偷盜制裁法，彝語稱「爭墾鋪治煮」。烏撒古代彝族習慣法規定，凡偷盜行為，一律從嚴制裁，盜竊者除以所盜財物價值五倍或十倍的財物進行賠償外，還要獻酒道歉；情節嚴重者，還要處以砍手。

9. 神靈制裁法

神靈制裁法，彝語稱「批色啟格素治煮」。所謂褻瀆神靈，即指在寺廟、宗祠、喪葬、祭祀等場所汙言穢語、行為不軌，輕慢神靈、侮辱神道，不尊重祭祀、禮拜儀式等的行為。烏撒古代彝族習慣法規定，對犯褻瀆神靈罪的行為，要根據情節輕重進行處罰：情節輕微者，要請畢摩舉行向神靈謝罪的祭祀活動，祭祀活動中要宰牲、向神靈敬酒賠罪等。情節嚴重者，要斬首祭之。

10. 投敵叛變制裁法

投敵叛變制裁法，彝語稱「波格把遞素治煮」。烏撒古代彝族習慣法規定，對背叛和出賣本民（宗）族利益而投靠外民（宗）族的犯罪行為，一律處以斬首。

11. 詐騙制裁法

詐騙制裁法，彝語稱「給醜租素治煮」。烏撒古代彝族習慣法規定，對以欺詐手段騙取他人財物的犯罪行為，要根據案情加以制裁：只騙得少量財物的，退還原物或賠償相等價值的財物後，獻酒道歉即可；騙取他人大量財物，給他人造成極大損失者，除退還原物或賠償損失外，還要被處以砍手或割舌。

12. 犯上制裁法

犯上制裁法，彝語稱「耄倒素治煮」。烏撒古代彝族習慣法對「犯上」的界定是：一切違背長者、長官意志，故意與長者、長官作對的行為。對「犯上者」的處罰，則要根據情節輕重予以制裁：情節輕微者，獻酒道歉即可；情節嚴重者，須宰牛、獻酒；情節特別嚴重者，要處以割耳，甚至斬首。

13. 逃戰制裁法

逃戰制裁法，彝語稱「格以拖婆索治煮」。烏撒古代彝族習慣法中的「臨陣脫逃」，既包括戰爭中的畏懼逃跑行為，亦包括在事關本民（宗）族重大利益的宗族活動中，因顧慮個人得失而拒絕參與。古代彝族習慣法規定，凡臨陣脫逃者，一旦抓獲，立斬不赦。

14. 搶劫制裁法

搶劫制裁法，彝語稱「素墾鋪治煮」。烏撒古代彝族習慣法對以武力強行劫取他人財物的犯罪行為的處罰極為嚴厲。無論搶得多少價值的財物，搶劫者一律處以砍手；情節嚴重者，還要加處挖眼。

15. 謀夫奪妻制裁法

謀夫奪妻制裁法，彝語稱「素默墾治煮」。烏撒古代彝族習慣法對「謀婦奪妻」的界定是：男子與有夫之婦勾搭成奸，為達長久苟合之目的，共同謀算、暗害婦人親夫的犯罪行為。凡犯此罪行者，男女皆斬首。

16. 淫亂制裁法

淫亂制裁法，彝語稱「素默約默麻戛治煮」。烏撒古代彝族習慣法對「淫亂罪」的界定是：違反彝族社會的道德倫理，隨意與他人發生性關係的行為。凡犯淫亂罪者，一律處以閹刑，即男子割掉生殖器，女子幽閉。

17. 異族通婚制裁法

異族通婚制裁法，彝語稱「兜博素出鋪治煮」。烏撒古代彝族習慣法嚴禁不同民族的男女通婚。一旦發現本族人與外族人私自通婚，族長即可召開全族大會，開除其族籍，並使其永不得返鄉。

18. 私奔制裁法

私奔制裁法，彝語稱「麻妻約樹素治煮」。烏撒古代彝族習慣法對「私奔」的界定是：男女雙方因婚事遭到父母或家族的反對，相約投奔異鄉。對私奔男女，一旦抓獲，要處以挑腳筋。

19. 泄密制裁法

泄密制裁法，彝語稱「麻恆都透素治煮」。烏撒古代彝族習慣法對「泄密」的界定是：泄露征戰或其他有關本民（宗）族利益的重要機密。對泄密者，要根據具體情況分別給予割舌、挖眼等處罰；如果情況特別嚴重，且給本民（宗）族造成重大損失的，要處以斬首。

20. 忤逆制裁法

忤逆制裁法，彝語稱「鋪妻慕倒素治煮」。烏撒古代彝族習慣法對「忤逆」的界定是：辱罵、毆打或謀殺父母、祖父母及叔伯、姑嬸等尊親的犯罪行為。凡犯忤逆罪者，一律處以大刑或活埋。

21. 不行贍養制裁法

不行贍養制裁法，彝語稱「鋪蒙麻咯素治煮」。烏撒古代彝族習慣法對「不孝」的界定是：為人子女者不盡贍養父母、祖父母的義務，或控告、咒罵父母、祖父母，或在父母、祖父母喪期嫁娶作樂等。凡犯此罪者，一律處以大刑或活埋。

22. 與奴僕婚配製裁法

與奴僕婚配製裁法，彝語稱「跑紂俫出素治煮」。烏撒古代彝族習慣法對「不同等級通婚」的界定是：奴隸主與奴隸之間、貴族與平民之間通婚。烏撒古代彝族社會實行嚴格的等級制度，婚姻須門當戶對，嚴禁不同等級的男女通婚。一旦發現不同等級的男女通婚，男女雙方均被處以火刑。

23. 休妻制裁法

休妻制裁法，彝語稱「默格素治煮」。烏撒古代彝族習慣法規定，凡丈夫休棄妻子的，無論何種理由，除與妻子平分所有家產外，還要向妻子獻酒道歉。

24. 強姦制裁法

強姦制裁法，彝語稱「默麻歐怎約素治煮」。烏撒古代彝族習慣法規定，對強姦犯一律處以閹刑。

由此可以看出，彝族族規包含了從家庭到家族、從階級到民族、從經濟、社會、倫理到政治等諸多方面的內容，立體、形象、全方位地反映了古代彝族家族和部族的社會生活、政治情景。

三、居民居住制度

在烏撒部政權統治的彝族地區，曾經實行一種「職業社區制」的居住制度，即把具有共同族群特徵（文化、語言、風俗習慣、心理素質等）、同一社會分工並從事同一職業的人們相對集中在同一片相對固定的區域，如稻民、牧民和銅、鐵、石、木、竹、氈等工（匠）村落，形成以職業為依託的社區。職業社區就是學術界對這些典型村落遺存的界定。

第四章　社會民俗

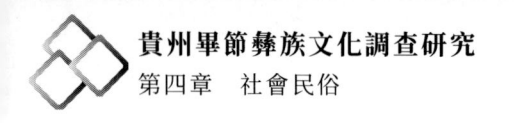

1. 現象遺存

（1）臘夠支系（「紅彝」）

這一支系主要以銅匠、鐵匠、木匠、石匠為職業，主要從事農具、生活用具、飾器等的製作及其土、石、木等建築的修建和維護。在他們居住的社區內，有獨具特色的生喪嫁娶等人生禮儀，有自己標誌性的習俗歌舞，有自成一家的、掌握傳統文化的畢摩，有自己的來源傳說。

現如今，以寨子（村民組）居住形式反映這一古老職業社區遺存的仍有，威寧縣大街鄉的品洛溝鐵匠寨，雪山鎮的鬥口子，新發鄉的俄嘎村、開新村，龍場鎮的紅光村紅布溝組，水城縣木果鄉的比登、蘇嘎寨，玉舍鄉的海坪村等。

（2）葛鋪支系（或稱「果鋪」「葛濮」等，他稱「青彝」「篾匠」等）

這一支系主要從事竹器的製作，在他們居住的社區內，同樣有獨具特色的生喪嫁娶等人生禮儀，保留有自身特色的歌舞。時至今日，該支系仍極少與其他彝族支系或外民族通婚。

貴州省威寧縣雲貴鄉的馬街村、雪山鎮的新民村，仍是這一古老職業社區的典型遺存。

（3）吐蘇（勾則）支系（「白彝」「大白彝」）

這一支系的居住區域少則一個村寨，多則數個鄉鎮連片居住，是烏撒部地彝族各支系中人數最多、分佈最廣的一個支系。該支系有一套自己的生喪嫁娶等人生禮儀，有自己標誌性的習俗歌舞，有自己的文化「代言人」畢摩階層，有完善的宗法組織及與之相對應的習慣法。「勾則」部分來源於「六祖」長房的武支系後裔，「吐蘇」部分來源於其他民族被彝族同化或與彝族通婚後被同化的群體。其主要職業是：勾則部分主要擔任平時防衛和戰時作戰任務；其他部分擔任農畜牧業生產和文化傳承任務。因此，大部分彝族文化如今都保存在該支系中。

在今威寧縣的板底、赫章縣的珠市等鄉鎮，以鄉為單位居住，在威寧縣的龍場、金鐘、猴場、臘寨、鹽倉、新發、東風、哈喇、二塘、龍街、雪山等鄉鎮，赫章縣的媽姑、雙坪、財神、結構、雉街、興發等鄉鎮則由一至三個村民組連成一片居住。雖有遷移的情況，大多限於本支系的居住地域範圍內。

(4) 納蘇支系 (黑彝)

與其他支系相比，該支系的職業社區制遺存不甚明顯。這一支系主要來源於「六祖」的布默兩支系，一部分是烏撒君長的小宗親或土目階層的近親家支，一般擁有土地，居住較為分散；另一部分為德施系的阿芋路部、阿哲（水西）部、芒布部等君長分散在烏撒部地的遠房家支，居住相對集中。該支系的主要職業是：出征打仗，從事農業和畜牧業，為烏撒王室主持喪事祭祀以及各種祭神祭祖活動。

以威寧縣的雪山、龍街、大街等鄉鎮的部分村落為典型。

需要指出的是，在這種職業社區中，顏色並無貴賤之分，所謂紅彝、黑彝、白彝、青彝等，都是由於社會分工的不同而形成的不同群體，並無高低貴賤之分，更非種族和分支上的區分。

四、村落基本制度

在畢節彝族村落，其基本制度主要包括村落會議和村長（寨老）兩個部分。

所謂村落會議，即舊時彝族自然村寨的最高決策會議。由寨老召集各家支族長參加，主要討論議定村寨的生產生活、祭祖祭神、護寨禦敵、公益事項等內容。議定結果由族長向族內宣傳或匯報「則把」（商報）內容。「則把」相當於部落或部落聯盟的民主集會。

而寨老，則是舊時彝族自然村寨的領袖，主要由村民公推產生。寨老一般都通曉歷史、熟悉民俗、能言善辯、辦事公道、受人敬重，依靠自身的德行、事功、才幹在村民中樹立威信。其代表的不是一個家族或家支的利益，而是

代表著由不同家族或不同家支組成的村寨的整體利益。其主要職責有：為村民排憂解難，處理各類糾紛；只理民事，不斷官案。一旦村民利益受到侵犯，就要組織和領導村民起來抗爭。

寨老在彝族村寨中享有很高的地位和尊重，寨中有人家辦紅白事，都要提前一個月左右，邀請寨老及寨鄰每戶一人來喝酒，商議相關事務，落實各自職責，如水火供應、賓客住宿等。等到辦事的那一天，現場統一由寨老組成的超戛摩全權指揮。這即是彝族特有的議事酒制度。

▌第二節　倫理與禮節

倫理指的是家庭倫理關係和禁忌，禮節泛指社交時的禮節和規矩。

一、社交禮節與規矩

1. 一般稱謂與倫理稱謂

一般稱謂即對於家人以外的人的稱謂。在畢節彝族地區，一般朋友稱「超野」，親密朋友稱「乃依」，夥伴稱「超吧」，老人稱「摸數」，長輩稱「野數」，晚輩稱「巴數」。

對於家庭或家支內部成員的稱謂，即倫理稱謂。在畢節彝族地區，倫理稱謂一般按輩分排行，以野（大）、菊（二）、哲（三）、彩（四）、紀（五）、架（六）、尼（幺）稱之。外祖父稱「阿雨哺」「溝補」，外祖母稱「阿匹」；舅父稱「阿雨」，舅母稱「匹啥」；岳父、姑父稱「約普」，岳母、姑母稱「阿尼」；姑表關係稱「阿雨買」「阿雨啥」；外甥稱「蘇巴」等。女婿稱「阿買蘇雨」，外甥孫稱「蘇喜巴」。而倫理關係複雜，無法以具體輩分相稱者，通稱「阿湊」。

2. 輩分禮

在畢節彝族地區，晚輩對長輩、年輕者對年長者必須尊敬，而晚輩對長輩、年輕者對年長者所遵循的禮儀即是輩分禮。

在畢節彝族社會流行的輩分禮，既有與其他民族相同之處，如晚輩遇到長輩、年輕者遇到年長者，先主動打招呼後，才能與其說話；長輩或年長者到來，晚輩或年輕者要主動站起來，讓座讓路；若長輩或年長者洗完腳，晚輩或年輕人要主動倒水；晚輩或年輕者與長輩或年長者一同吃飯、飲酒、喝茶，要主動盛飯、斟酒、倒茶，雙手遞送給長輩或年長者，先稱呼後再說話；晚輩或年輕者不能直呼長輩或年長者的名字；長輩間談話議事時，晚輩不能隨便插話；晚輩或年輕者不能摸長輩或年長者的頭等。也有與其他民族的輩分禮不同的地方，如晚輩或年輕者不能在長輩或者年長者面前吸長桿煙；長輩和年長者在樓下時，晚輩和年輕人不能從其頭頂上方走過；兒媳不能當著公公的面、弟媳不能當著兄長的面梳頭、洗腳等。

而長輩對晚輩、年長者對年輕者要時時關心，處處愛護；公公見兒媳、兄長見弟媳洗腳、梳頭，要迴避；公公、兄長不能進入兒媳、弟媳的房間等。

3. 坐規

堂屋正中供奉家神的方向為上方，一般來說，只有男性長輩才能坐上方，其他人是不能坐上方的，尤其忌諱兒媳坐上方。擺設筵席、請客吃飯，甚至家常便飯，概莫例外。入席時，必請德高望重的長輩坐在上席，與上席相對的是「下席」，是長輩中的年輕者或晚輩中的年長者的席位。其他人只能坐在左右兩邊的席位上。

入席的秩序是：長輩在先，晚輩在後；男性在先，女性在後。

賓主同席時，主人就算是長輩也要主動讓座，但客人要視自己的年齡和輩分對號入座。貴賓坐上席。老少父子均可同席，但不能對席坐，席間不得蹺二郎腿或衣冠不整。

4. 路遇禮節

路途中遇到熟人，要主動打招呼，並為其讓路。一般是空手的讓負重的，下坡的讓上坡的，年輕的讓年老的。二人同向而行，後者要超越前者時，需要說：「你慢來，我搶你的路了。」前者讓到一邊後，得說：「你舉步輕快，請上前吧。」同在井邊喝水時，要讓別人先飲；自己喝完水後，要洗干淨飲

水器，再舀滿水遞與他人。路遇需要幫助的人，不論相識與否，都要積極施以援手。在彝族地區，忌騎馬路遇長輩不下馬；忌晚輩或年輕者走在長輩或年長者的前面。

二、倫理關係與禁忌

1. 夫妻禮

在畢節彝族地區，戀愛和婚姻相脫離，夫妻關係是建立在生兒育女的基礎之上的，故夫妻間的關係往往比較疏離。新婚之夜，有新娘拒絕同房的習俗。就寢時，往往一前一後。家庭事務，按傳統分工，各司其職。趕集等社交場合，夫妻不可同行，與各自的同性夥伴相伴而行；夫妻二人同路時，往往前後相距數丈，不可並排或距離過近。未分家另居時，夫妻之間不可直接對話，話語往往透過他人轉達；分居後，夫妻雙方只說正事，不可嬉笑玩鬧。稱呼上，以「你」稱呼配偶，無尊稱或指名道姓之俗；非夫婦關係，不能用「你」稱之，尤不能用「你」稱異性。兒女長大後，夫婦不同寢。配偶死亡，亦不可哭泣。違反以上禮規，均被視為傷風敗俗。

2. 翁媳禮

彝語稱公公為「約甫」，稱兒媳為「寸期」。在彝族地區，公公和兒媳之間的忌諱較多，如不能同桌吃飯，不能坐在一起烤火，說話時不能直接對視。兒媳不能面向公公洗腳、梳頭，公公不能進入兒媳的房間等。犯忌時，輕則託人解釋，重則殺牲行道歉之禮。

3. 婆媳關係

彝族家庭中，存在夫妻、父子、母子、父女、母女、翁媳、婆媳、嫂叔、姑嫂等各種關係，婆媳關係是最為複雜和突出的。一般來說，婆婆是矛盾的製造者和轉化者，媳婦是矛盾的承受者和犧牲品。每個女性都要經歷由姑娘到媳婦再到婆婆的轉變。成為媳婦後，要接受婆婆的管制，適應夫家的生活，履行妻子、兒媳的各種義務。子女長大成人後，媳婦就變為婆婆，運用婆婆的權威去管教兒媳。彝諺說：當媳婦的時候怨恨婆婆，當婆婆的時候虐待媳婦。

4. 嫂叔禮

彝語中，嫂嫂稱「阿摩」，叔叔稱「摩雨」，二者的關係極為親密，可以隨意嬉戲，正好與翁媳、伯媳相反。

5. 坐上下席

已出嫁的彝族女性，回娘家時不得直接走大門，也不得從堂屋前橫穿而過。侄女出嫁時，才能坐上席，與坐在下席的嫂子，同勸新嫁娘吃踐行飯。二人同唱：「並非父母哥嫂刻薄你，是為了你成家立業，特設此宴席，不必多思念，出嫁要吃飯。」

第三節　婚姻與家庭

一、婚姻

1. 婚姻制度

彝族的婚姻制度包括等級內婚、家支外婚、姑舅表優婚、姨表不婚、外族不婚等。

等級內婚，即是門當戶對，土司家與土司家結親，土司家的女兒一般不會下嫁貧苦農戶。家支外婚，指的是相同家支不可以通婚，凡聯姻開親，必先盤準雙方的大宗小宗旗號，若旗號相同，必然是同一宗祖的後裔，屬於同宗異流的家門，禁止通婚。姑舅表優婚、姨表不婚則是母系氏族社會的一種遺俗。外族不婚則是禁止彝族人與外族通婚，其對下層民眾和上等貴族的約束力有所不同，尤其是在戰亂年代。

由此可知，彝族的婚姻制度屬於典型的封閉式婚姻制度，在保持血統純正的同時，大大縮小了婚姻範圍。而發展壯大本家支、宗族的唯一的方法，就是透過家支分支，擴大婚姻範圍。這樣一來，既可以繼續保持血統的純正，又可以擴大本民族。

2. 婚俗

彝族的婚俗雖然隨著地區的不同而有所不同，但總的來說，主要有包辦婚、自由婚、搶親、轉房、招贅等形式。

包辦婚，是指由父母包辦的婚姻，又可細分為指腹婚、童婚和姑舅表婚三種。指腹婚是在母腹中定下的婚姻，一般在親戚或好友之間進行。童婚，又稱為「小婚」，小孩在七八歲的時候，雙方父母即定下婚約，結為姻親關係，待到雙方成年後即完婚。姑舅表婚，即舅舅家的兒子對姑媽家的女兒有優先迎娶的權利，而姑媽家的女兒只有在徵得舅舅家的同意後，方可外嫁。

自由婚，是青年男女按照自己的意願自由結合，其形式主要為私奔。適婚男女透過自由戀愛想要結為夫妻，但由於種種原因無法實現這個願望，雙方只好遠走他鄉。

搶親，是彝族在解放前的一種婚姻形式，被搶的對像是未婚女性和寡婦，而搶親者一般都是有背景和勢力的人。搶親分為兩種，一種是男女雙方情投意合，女方家庭礙於婚約或其他原因拒絕男方的求婚，男方就帶人去女方家搶親，之後再回去賠罪和認親；另一種是男方家中無後，就去搶個女人來傳宗接代，從而形成了一夫多妻的關係。

轉房則主要是針對寡婦而言的。已婚婦女死了丈夫，再嫁給丈夫的兄弟。如男方無兄弟或雙方年齡差距太大，可由其丈夫的叔伯兄弟來「轉房」。只要丈夫有兄弟，就不允許寡婦外嫁。如果兄弟不願轉房，寡婦在三年之內外嫁，需要支付一大筆「贖身錢」；三年後外嫁，也只能帶走自己的嫁妝，屬於夫妻雙方的財產均不可帶走。

畢節彝族地區的婚禮有固定的流程和儀式，一般要經過訂婚、燒香迎娶等。婚禮期間，男方家要備三天宴席，即頭天進門，第二天正酒，第三天回親。迎娶過程中，女方家要在大門前舉行「打親」儀式，男方家則在門前大路上搭「迎親門」，並請畢摩先生「回喜神」。新娘下馬前，媒人、新娘家、新郎家爭搶「蓋頭帕」。次日清晨，新娘要拜見翁姑，並請「命名」。一月後，新郎新娘帶禮物一道回娘家，叫「回門」。

二、家庭

1. 夫妻關係

彝族的婚姻關係主要建立在生兒育女的基礎上，戀愛和婚姻相分離，夫妻間的關係比較疏離（詳見「夫妻禮」）。

在傳統的彝族家庭中，夫妻二人共同參加勞動，各自承擔相應的家庭義務，雙方共同奮鬥，經營自己的小家庭。一般來說，彝族婦女並非男人的附庸，而是家庭的主持者，在家庭中擁有和丈夫幾乎同等的權利和地位。儘管也有些彝族男性持有「大丈夫」的思想，然而並沒有隨意拋棄妻子的權利。

受到以嫡長子繼承製為核心的宗法制的影響，彝族的家庭形式是以一夫一妻製為主的父系家長制。輩分從父系計算，財產由父系繼承。家庭中，以父親為家長，其擁有掌握全家財產、安排生產和生活的權力。家長年老體衰或去世時，由其長子繼承所有權力。在彝族家庭中，家庭財產全部由兒子們繼承，女兒們除了嫁妝之外，是無權繼承任何家庭財產的。

2. 家庭教育

自古以來，彝族就有重視家庭教育的傳統。子女到達一定年齡後，分別由父親和母親進行相應的教育。父親主要教兒子學習各種知識和生產生活技能，培養其進取、勤勞、正直、勇敢的精神品格。母親除了教女兒各種知識和生產生活技能外，還要塑造其吃苦耐勞、心靈手巧、通情達理等性格。

除此之外，小孩子們從小就要牢記自己家族和母親家族的「能彝」，認識自己的親戚。長大成人以後，還要掌握和遵循本民族特有的民俗習慣、宗教風俗。

透過講授民間傳說故事、學習民族歌舞、長輩們的言傳身教等潛移默化的方式，彝族人逐漸在成長的過程中掌握了本民族的傳統禮儀、民俗習慣、生產生活、民族知識等方面的知識技能。

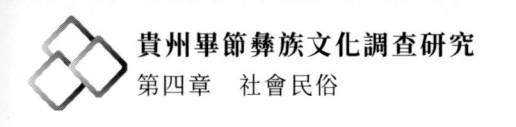

3. 子女撫育

彝族人家的幼童若是體弱多病，或生病後服藥無效，或長夜啼哭，其家人就要為其祈求神靈的庇護。所求對像一般都是村寨附近的大山、巨石、古樹、大鐘等。許願時，要帶上香燭到所求對象前，點燃香燭，低頭許願，最後在所求對象上纏上一塊紅布，就算是把孩子拜寄給這個「神」了。小孩病癒以後，就以所求神靈的名字給孩子取名，如小山、小石、小樹、小鐘等。或者是生病孩子的父親將一根細長的樹條彎成弓形，立在路上，然後蹲在路旁隱蔽處等候，將第一個碰到樹枝的人熱情地迎到家中，把小孩拜寄給他。如這個人是男性，小孩就拜認「乾爹」；如是女性，小孩就拜認「乾媽」。而按照當地習俗，被拜寄的人不能拒絕。拜寄時，還要給小孩一些錢作為拜錢；若身上沒有帶錢，就解下腰帶或鞋帶掛在小孩的脖子上。拜過干親後，雙方便常常走動了。這是因為在彝族的傳統觀念裡，小孩拜了干親後，就可平安長大了。

為了讓孩子健康平安長大，彝族人一方面採取娛神的辦法，求得神靈的庇護；另一方面則採用欺騙鬼神的辦法，避免邪神的禍害。如在納雍縣一些偏避的彝村，許多小孩都被其父母冠以「小貓」「小狗」之類的乳名。因為在彝族人的傳統觀念裡，孩子的名字越賤，越容易躲過惡鬼邪神的加害，從而平安長大。

彝諺云：「女到十六進婆家，男到十八立家業。」一般來說，女孩到十六歲、男孩到十八歲，彝族父母就算完成了自己的撫養教育義務，讓孩子們成家立業去了。

第四節　祭祀

在中國古代宗法社會裡，修宗譜、建宗祠、修墳墓是族人的三件大事，具有慎終追遠、報本思源、敦宗睦族、凝集血親、光前裕後、規範倫理的教化功能。在畢節彝族地區也不例外，宗祠和祭祖是彝族人生活和生命中最重要的大事。

宗祠又稱宗廟、祖祠、祠堂。它是供設祖先的神主牌位、舉行祭祖活動的場所。這種祠堂在彝族的大小村落、大小家族中都有建造。

　　彝族的祭祀，儀式繁多，形式多樣，最為隆重的是祭祖儀式活動。祭祖儀式常常由畢摩主持，在祭場進行。祭場分頭臥、糯臥、始展閣、苦恆、省格五堂神位。先於長房家神臺前開展「卡啥」，即獻酒、獻茶儀式；繼往祠堂接祖靈經始展閣、三道白花黑關口除邪後，送到糯臥堂位獻牲。祭牲必用雄綿羊一只，雌雄雞一對，以米、鹽、茶、花椒和牲血為祭品。增補後死的祖妣名，更換陳舊靈筒、靈筴，按長幼排列安放於祠堂。

　　除祭祖外，每年除夕的黃昏時分，還需要供祖。宗族分支各戶在長房的帶領下，帶著供品前往祠堂，燃放鞭炮，祭奠天地神祖。祭畢後，各自回家吃年夜飯。

第五節　變化

　　隨著社會的進步和時代的發展，彝族地區的傳統民俗不可避免地發生了一些變化，其中既滲透著民族融合所帶來的影響，也面臨著現代文明的衝擊。就傳統的社交禮節而言，雖然許多社交禮儀被當作「繁文縟節」取消了，但是敬老尊老的核心禮節仍然被保留著，行人路遇時仍然要遵循傳統的禮節。但在婦女地位、族規等方面，則變化較大，其中既有形式的豐富，也有本質的轉變。

　　就婦女地位而言，隨著國家法律的普及和社會經濟的發展，婦女的家庭地位和社會地位都有了很大的提高，但是在教育水平和經濟水平不高的畢節彝族地區和人家，仍然存在著對女性權益的侵害。

　　此外，隨著我國基層民主政治的發展，族規逐漸由國家法律和民族自治條例取代，包辦婚姻等束縛個人自由的陳舊的婚姻形式和封閉保守的婚姻制度（部分），也處於不斷瓦解的狀態，夫妻關係也有了很大的改善，不再僅僅侷限於傳宗接代。

透過與其他民族的通婚和融合,彝族傳統的倫理禁忌也部分地得到了改善,翁媳禮變得不那麼嚴格了。但是彝族仍然保留著核心的家支制度,儘管近年來,家族成員內部的溝通聯繫有所減少,但是遇到家支的大事,大家就會迅速團結起來,共同應對。

第五章　歲時節日民俗

乙小康

第一節　火把節

在漫長的歷史長河中，彝族形成了以火把節、彝族年、密枝節、插花節、祭龍節、服裝節等為代表的、形式多樣的、內容豐富的傳統節日，而這些節日又往往與祭祀活動有著千絲萬縷的聯繫。在我們調研走訪的貴州畢節彝區，還保留著農曆二三月舉行祭山祭水活動的習俗。這一習俗既寄託著彝人對自然饋贈的感恩之情，也慢慢地被賦予了節慶的色彩。

火把節是整個彝族都公認的傳統節日，主要盛行在川、滇、黔、桂四省（區）。在人類從蠻荒向文明過渡的歷史進程中，火造成了重要的推進作用。火的使用，使得人類的生產生活進入了一個嶄新的階段。而歷史悠久的彝族對火更是情有獨鍾，並形成了以火崇拜為內核的文化精神內涵，由此被稱為「火的民族」。從性質上看，彝家的火把節仍然有著濃厚的祭祀色彩，其慶祝的形式也豐富多樣。節日期間，人們不僅要祭祀自然界的神靈，還要舉行諸如點火、玩火、送火、賽歌、賽馬、鬥牛、鬥雞、摔跤、蕩磨兒秋等豐富多樣的民間慶祝活動。

火把節上的歌舞表演

貴州畢節彝族文化調查研究

第五章 歲時節日民俗

有關火把節的來歷，歷來眾說紛紜，各彝區有許多的美麗傳說，如南詔國時期的火燒松明樓說、彝族羅婺部落的喜鵲姑娘為愛殉情說等數十種，而目前流傳最廣泛、最為彝家所認可的說法則是火燒害蟲說。傳說上古的時候，天地相通，天上的大力士下凡與人間的大力士摔跤，人間的大力士將天上的大力士摔死後，天神大怒，派無數害蟲來到人間禍害莊稼作物。人們用了無數的辦法，都無法戰勝害蟲。終於在六月二十四日夜裡，人們用燃燒的火把將害蟲一掃而盡。從此以後，每年的六月二十四日，人們就點燃火把的方式來慶祝勝利，紀念祖先，祈求上天保佑人畜興旺，五穀豐收。

而在畢節彝區，火把節則與彝族所使用的十月太陽曆有著莫大的關係。在這裡，火把節被稱為「躲扔吉」，即掃火星節，也叫掃寨節。據文獻記載，掃火星（即是從宇宙中游降的火星）極容易引誘爐中之火而引發火災。因此，每當發現掃火星臨地時，必要舉行「躲扔」活動。畢摩於六月二十四傍晚，用麻線吊提一顆象徵著宇宙的雞蛋，在村寨裡挨家逐戶地吟誦經咒，收拾不規矩的失散火種災星，以防失火之災。所至人家皆從火爐中點燃火把，從門扇底下遞出（註：若引入新居火種，則從門扇頂上遞入），而後男女老少舉著燃燒的火把依次跟在畢摩的身後繼續掃寨。隨著掃寨的隊伍越來越大，火把也猶如金龍一般，在山寨之中漫遊。整個場景既如元代詩人文璋甫在《火節》詩中所言：「雲披紅日怡含山，列炬參差競往還。萬朵蓮花開海市，一天星鬥下人間。」又如明代詩人楊升庵在《瀘山觀火炬詠懷》中所言：「老夫今夜宿瀘山，驚破天門夜未關。誰把太空敲粉碎，滿天星鬥落人間。」

遊行隊伍到達指定場地繞場三圈，畢摩執祭完畢後，即在地上挖一小坑，放蛋入內，唸誦經咒後掩埋，示意已經把失散之火種全部收歸於宇宙了。爾後，眾人將火把聚燃於埋蛋處。烈火熊熊燃燒，人們歡歌熱舞，盡情狂歡。跳動的火焰象徵著對自由生命的歌唱與禮讚，因此有人稱之為「東方狂歡夜」。

在大部分的彝族地區，火把節一般持續三天，即農曆的六月二十四開始，二十六日結束。彝諺說：「六月二十四日，是不算吉凶日的。」意思是說，到了六月二十四這天，無論是不是吉日，都要過火把節。在彝族人的傳統觀

第一節　火把節

念裡，但凡要緊的事、重要的事都要在吉日進行，大到婚喪嫁娶或蓋房喬遷，小到出遠門或剪頭髮等，都要算日子的。我們走訪的大方、織金、畢節、威寧等彝區，皆是火把節的盛行地。節日期間，人們殺豬宰羊，祭祀諸神。納雍、織金一帶又有小火把節和大火把節之分，前者為農曆四月二十四，後者為農曆六月二十四。

火把節上的送火隊伍

火把節期間的三個夜晚都要點火把。所點的火把主要分為枯蒿枝桿編制的火把和松明子火把，這些火把都是要提前數天甚至一兩個月就開始準備的。尤其是枯蒿枝桿編制的火把，製作工藝相當複雜。在離過火把節還有一兩個月的時候，一家之主或懂事點的孩子每天上山放牛羊時，有意識地收集枯蒿枝桿，有時也專門去山林中尋找。當積累到一定數量後，就開始編制。要按照使用場合和用途的不同，編制不同規格的火把。點火或玩火的晚上，點的火把有一米多長；而送火的晚上，點的火把從三五米長到七八米長不等。因此，在編制一米多長的火把時，將數根枯蒿枝桿組成一捆，從頭到尾用麻繩分三節或五節不等的距離捆成碗口粗壯的長條火把即可。如果要編制三五米長到七八米長的火把，就要在一米長火把的基礎上，在用麻繩捆紮好的下方插上一圈枯蒿枝桿後順上去，再用麻繩捆紮，再插上一圈枯蒿枝桿後順上去。以此類推，直到達到想要的長度為止，最後紮上結。這類長火把往往是中間粗大、兩頭細長。如果一家之主沒有時間和精力編制火把，或家裡沒有合適

貴州畢節彝族文化調查研究

第五章 歲時節日民俗

的孩子編制火把，也可以請寨子裡的其他人編制，而報酬就是主人家在火把節上宰殺後煮熟的一隻雞腿。

作為具有濃厚祭祀色彩的彝族傳統節日——火把節開始時，人們往往要先進行祭祀活動，而祭品一般是一只一斤左右的、金黃色的、不能下蛋的「處女雞」或「姑娘雞」。在火把節的前七天或前三天，用倒扣的竹背篾把這只祭祀雞關起來飼養。火把節當天一早，家裡的長者就抱著這隻雞到田間祭祀田地，對各種農作物唸完一通願其免受天災、病蟲之害並祈求上天保佑人畜平安的言辭後，撕下一些農作物的枝葉帶回家裡。到下午三四點鐘左右，將一種祭祀專用的樹葉泡在冷水盆中，用樹枝按著祭祀雞的脖子，將雞頭浸沒在盆裡，並向雞嘴裡塞進蕎面或青稞面或燕麥麵。如此反覆數次，待雞斷氣後去毛宰殺，之後將雞翅膀、內臟等燒熟後，撒上適量的鹽放入彝族傳統的木製器皿中進行祭祀。其他部分煮熟後，要以相同的方式進行祭祀，然後人們才能享用。這種祭祀一般分為兩個步驟：第一步，先將祭祀肉端出門外，向自然界或上天祭祀；第二步，將祭祀肉整理好後，端到堂屋中的祭祀臺上向祖先祭祀。整個祭祀儀式都很莊重，除了必要的言辭外，人們不能隨意說話。祭祀完畢前，無關的雞、狗、貓等，也不能到現場尋食。浸泡過祭祀樹葉的水和雞毛等，也不能馬上扔掉，而是要保存到送火那天，跟隨送走的火把一起倒掉。除此之外，還有很多的規矩和忌諱，都需要嚴格遵守。

接下來，便是火把節最熱鬧的環節了。三天的火把節一般分為「點火」「玩火」「送火」三個部分。「點火」是火把節第一天晚上不可或缺的事情。點的一般是松明子火把，有時也點一把枯蒿枝桿編制的一米多長的火把。人們在祭祀完畢、吃過晚飯、天剛擦黑時，便開始點火把。人們從屋裡的火塘中取出火種後點燃一把火走向門外，將門外分堆成一把（堆）或若干把（堆）的火把點著。一般都是點單數，如一把（堆）或三把（堆）或七把（堆）等。有的點放在門前屋後的空地上，有的點放在房前屋後的莊稼地裡。之後寨子裡的人們歡聚在一起，在寨子裡空曠的地方燒上一堆或三堆熊熊燃起的篝火，圍著篝火載歌載舞，直到深夜。第二天晚上是「玩火」。整個「玩火」的程序和內容跟第一天晚上的點火儀式差不多。不同的是，白天還舉行了鬥牛、鬥雞、賽馬、摔跤等豐富多彩的競技活動。火把節的第三天晚上則會進行盛

大的送火儀式。在畢節彝族村寨裡慶祝火把節時，送火所點的火把一般是不用松明子火把的，而是要用枯蒿枝桿製作的火把。天剛擦黑時，寨子裡的孩子們就舉著長長的枯蒿枝桿編製成的火把，從屋裡的火塘中取火點燃後，照亮屋裡的每一個角落，並在屋裡各個角落上下左右晃動火把，寓意著燒掉家裡所有不吉利的東西。同時口裡不停地唸著：「火啊火！燒啊燒！火是上天賜予的，或是祖先留下的。今晚要燒掉一切不吉利的東西！要燒掉妖魔鬼怪。全家人平安幸福，牛羊興旺，五穀豐登。」然後，全家人舉著火把走到屋外，再繞著整座房屋轉一圈或三圈後，匯入整個寨子裡的火把大軍，走向年年都約定俗成的送火把的場所。到達預定地點後，送火把的人們將火把朝著一個方向排好後，一邊各自呼喊著各種家禽或動物的名字，一邊用手或小刀片在稍粗的蒿枝桿上挖出小槽後，放進事先準備好的食鹽，叫喚著動物們來喝鹽水。最後，人們載歌載舞，慶祝美好的幸福生活，沉浸在歡樂的海洋中。

這些古老而莊嚴神聖的儀式，既反映了彝族人對美好生活的憧憬，也反映了他們對祖先及自然的感恩之情。經過千年的演進更迭，火把節如今成為具有祭神祭田、驅祟除邪、祈求豐年、促進團結、推動當地發展等諸多功能的重要傳統節日。因其獨有的特色和群眾的廣泛參與，火把節也成為彝族人的一張名片，成為彝家人熱情好客的象徵。作為火把節的代表，赫章的「彝族火把節」於 2009 年成功入選國家級非物質文化遺產保護名錄，成為繼「彝族鈴鐺舞」之後，赫章縣的第二張國家級文化遺產名片。如今，在赫章地區的珠市彝族鄉、結構彝族苗族鄉、雉街彝族苗族鄉、雙坪彝族苗族鄉等，每年輪流承辦一次赫章彝族火把節，並將這一機製作為赫章縣保護和傳承優秀民族民間文化的重要平臺，有效促進了當地少數民族文化產業的發展。政府搭臺、文化唱戲的有效互動，使得當地的彝族傳統風俗得到了更好的保存和發揚。

第二節　彝族年

彝族年是彝族的又一盛大傳統節日。從古到今，彝族對過年十分重視，彝族年十分熱鬧。至於彝族年始於何時，目前尚無統一結論。雖然各彝區彝

族年的具體形式與流程不盡相同，但相同的是許多儀式均與祖先崇拜密切相關，整個節日充滿著濃厚的祖先至上色彩。

彝家人一般在農曆十月左右過彝族年。陳久經、盧央、劉堯漢在《彝族天文學史》一書中指出，它源於彝族先民所創製的十月太陽曆。按照這種曆法，每年分為十個月，每月三十六天，另有五至六天為過年日。此外，與漢族以數字或干支紀日的方法不同，彝族以生肖來紀日。由於彝族崇拜虎，因此以虎為首，形成了以虎、兔、龍、蛇、馬、羊、猴、雞、犬、豬、鼠、牛為序來紀日的方法。十月太陽曆即以十二屬相紀日，一個屬相周為十二日，三個屬相週三十六日為一月。每輪迴三十個屬相週三百六十日為一年，恰好十個月終了，另外五天（平年）或六天（閏年）為「過年日」。這種紀年方法與今日的公曆紀年法相當接近，體現了彝族先民的卓絕智慧與先進的曆法文化。在觀測方法上，十月太陽曆以觀測太陽的運動來確定冬夏，以北星的鬥柄指向來確定寒暑。當太陽「運動」到最南點時為冬至，到最北點時為夏至。而冬季（農曆十二月）傍晚北星的鬥柄正下指時為大寒，夏季（農曆六月）傍晚北星的鬥柄正上指時為大暑。一些專家學者由此認為，彝族地區流行的火把節和彝族年最初就是根據十月太陽曆制定的。當北星的鬥柄指上為大暑時，為火把節；而當北星的鬥柄指下為大寒時，則為彝族年。

有關彝族年的來歷，各彝區也流傳著許多傳說，其中流傳最廣泛的是：很久以前，有個叫俄布科散的彝族小夥子，很尊重孝敬母親，但他的母親不知什麼原因，終年愁眉苦臉，悶悶不樂。為了讓母親快樂起來，他絞盡腦汁，使出了渾身的解數，但都無濟於事。一年秋收後，俄布科散宰雞殺羊，敬奉祖靈，邀請左鄰右舍和親朋好友們串門聚會，大夥兒在鍋莊旁開懷談笑，終於使心情抑鬱的母親露出了笑臉，俄布科散多年的夙願終於實現了。為了紀念這個難忘的日子，每年秋收結束後，他都會舉辦同樣的活動。彝族年就這樣一代代流傳下來，成為彝族人追思先祖、緬懷先人的重要傳統節日。

大體說來，傳統的彝族年一般分為以下三個階段。

第二節　彝族年

一、年前準備階段

　　作為年末最重大的節日，人們當然要精心準備一番。除了擇定吉日、準備節日一應物品外，將自家房屋裡裡外外打掃一遍也是必不可少的工作，以求干干淨淨、整整齊齊地辭舊迎新。

　　以前，由於各個彝區之間山水相隔，加上交通不便，往往以村寨為單位過年，具體日期則由當地德高望重的長者或畢摩根據彝曆擇定。除豬日、龍日、牛日、雞日、蛇日不宜過年外，其他日子均可，尤以猴日、虎日為最佳。隨著時代的進步和經濟的發展，各個彝區之間的來往交流也日益頻繁，以前以村寨為單位過年的情況發生了很大的變化。在我們走訪的畢節地區，各彝族鄉寨都以每年農曆十月初一日為彝族年的第一天。而在涼山彝族自治州，自治州人民代表大會將每年陽曆 11 月 20 日定為彝族年的第一天，並放假三天，讓全州各族人民共同歡慶這個盛大的節日。

　　彝家人將彝族年稱為「嘴巴上的節日」，因此需要準備的食物相當豐富，如豬、羊、雞、麵粉（蕎麥粉、燕麥粉等）。在彝家人的傳統觀念裡，豬是富有和勤勞的標誌，因此，過年時家裡宰殺的豬越大越肥，就越光榮。除了可以得到眾人的稱讚外，還可以讓祖先「過」個好年。因此，彝家人往往在過完年後就開始準備第二年的過年豬。若是誰家過年時沒殺豬，那這家就相當於沒有過年。因此，彝家人以殺豬為過年的頭等大事。而那些無豬可殺的彝族人家，只能宰殺綿羊了。若是家裡連綿羊也沒有，那就只能殺雞了。總的來說，彝家人過年以大肥豬、閹綿羊、閹雞為佳，不分顏色，一般不用牛、山羊、公雞。尤其是過年的三天，不能宰殺山羊，更不能用山羊肉來敬奉祖靈。

　　除了大肥豬、閹綿羊、閹雞外，彝家人過年還要準備好麵粉、煙、酒、柴禾、蕨草、白草、篾席、菜板等，以備不時之需。

　　過年前一天，彝家女性還要打掃室內外的衛生、清洗衣物器具等。由於衣物器具一般要背到河邊去清洗，因此這一天，河邊到處是搓衣、洗碗的彝族女性。大家說說笑笑，熱鬧非凡。

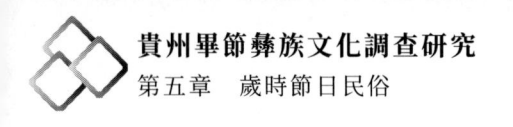

二、彝族年的三天

彝族年一般要過三天。過年第一天，天還未亮，彝家人便開始忙碌起來，男的在家打掃祖宗靈位、清洗敬奉祖靈的器具、磨刀，婦女們則爭相去汲水。彝家人認為，過年第一天清晨的第一瓢清水是最聖潔的水，哪家有幸取到這第一瓢清水，這家來年就會無災無難，幸福安康。因此，這天清晨，女人們都起得特別早，爭先恐後地去汲水。

以上的事情做完後，女人們便開始做蕎餅，男人們便開始宰殺過年雞。用來做蕎餅的蕎麥粉和過年雞也是很有講究的。先將一塊燒得通紅的石塊夾到鍋莊的上方，澆上過年酒，待石頭「哧哧」地冒出青煙時，再把蕎麥粉和雞在石塊上轉一圈，最後洗淨雞腳、雞嘴，以示去除汙穢。做完這些後，女人們才可以做蕎餅，男人們才可以殺雞。雞宰殺好後，把雞翅、雞肝、尾骨單獨燒熟，用來敬奉祖宗。敬畢祖靈後，全家人開始吃早飯。吃過早飯，便開始殺過年豬了。

殺過年豬也有一套規矩，往往從村寨裡最年長或輩分最高的人家開始，然後再按輩分排列殺豬次序。若村寨裡住有「畢摩」或「蘇尼」，則要先殺他們家的過年豬。這既是權力、地位的表現，也是尊老敬老傳統的表現。每戶殺豬前，在院壩（即房前的平地上）燒一堆火，在火中放兩個干海椒，意在嚇跑妖魔鬼怪，熏撞凶禍。主人先斟一杯酒敬祭祖先，然後敬殺豬的小夥子們每人一杯酒，以示尊重。殺豬時，豬頭要朝向東方。開膛剖肚後，取出脾、膽、心、尿泡等，用來占卜來年的凶吉禍福。具體而言，以膽飽滿、脾平展無缺凹、尿泡充盈為吉，預示第二年將獲豐收。心則看軟硬，硬預示來年乾旱，軟則預示來年水災。然後用脾、心、腰子和一些煮好的肉敬奉祖靈。敬完祖靈後，再拿祭品去喂狗。將肉和蕎餅一起拋到狗面前，以狗先吃肉為吉，預示著來年一定豐收。然後，全家人才能吃午飯。午飯主要有酒、坨坨肉、蕎粑和大米飯等。肉和米飯煮好後，照例先祭獻祖先，然後全家人圍坐在火塘邊，熱熱鬧鬧、歡歡喜喜地吃年飯。需要指出的是，過年期間，火塘裡的火不能熄滅。除當天食用的肉外，其餘的肉全部要堆放在祖靈的神位下，

留祭過年三天。過年的三天裡，無論是主人家還是來客，都可不拘禮儀，隨意食用。彝諺說：「過年三天沒有吃錯的，結婚三天沒有說錯的。」

第二天主要是耍新年。早飯後，村寨裡的人都身著盛裝，彙集在山崗或壩子上參加活動。除了賽馬、摔跤、鬥牛、鬥羊、鬥雞外，年輕的小夥子們和姑娘們還可以一起玩「磨兒秋」。其中較具民族特色的民俗活動是搜過年酒喝（彝語叫「支尼播」），村寨裡的男人們成群結隊，挨家挨戶地搜酒喝，直到醉得不省人事，方可被送回家休息。這支搜酒隊在村寨裡的醉鬧、說唱，更是將節日的熱烈氣氛推向了高潮。

到了第三天，主要就是送祖靈了。這一天天還沒亮，各家各戶就開始舉行歡送儀式了。戶主一手拿著裝滿祭品、放有刀叉的餐具，一手拿著杯酒，在火塘上面轉三週後，祭放在祖宗的神位前，並在門上掛一個裝有炒麵的口袋，作為祖宗們路上食用的乾糧。戶主致完送別詞後，取下飯、肉和其他食品，叫醒全家成員坐在火塘邊吃送年飯。人們帶著對來年的美好憧憬和對祖先們的依戀惜別之情，送走了祖先，迎來了新的一年。

三、拜年

拜年是彝族年在尾聲階段的重頭戲，也是親朋好友之間交流感情的重要活動，更是人們辭舊迎新、相互表達美好祝願的一種方式。在畢節彝區，給父母和岳父岳母拜年時，一般會送豬的前胛肉，越大越好，並配有麵粉和酒。朋友鄰里之間，一般只拿肉去拜年，主人家則會回贈相應的禮金或實物。彝諺說：「一陀肉值錢就算過年肉，一碗酒值錢就算過年酒。」意思是，過年肉和過年酒可不能白吃白喝。

在所有的拜年活動中，彝族媳婦回娘家拜年最為講究。過完三天的年後，媳婦們就會帶著禮物和孩子回娘家給父母拜年，表達對父母的一份孝心。在回娘家的路上碰到相識者，要打開酒瓶請他喝「開口酒」，喝了酒要給一點回禮。到了娘家，父母要給女兒和外孫回贈禮品。特別是對於剛出生不久的嬰兒，第一次帶回外公外婆家拜年，人們更是特別重視。

作為一個好客的民族，彝家人常說：「一鬥不分十天吃，就不能過好日子；十鬥不做一頓飯，就不能招待客人。」過年期間，彝家人除了和寨子裡的鄰里親朋歡聚一堂外，還常常邀請其他民族的朋友來家裡過年。主客席地而坐，不拘禮儀，邊飲酒邊吃肉邊敘情，其樂融融。因此，彝族年雖然名義上只有三天，但實際上由於拜年的人絡繹不絕，有的人家直到一個月後，才算把年真正過完。

第三節　其他節日

彝族作為一個歷史悠久，且主要居住於川、黔、滇、桂四省（區）廣大地區的民族，除了火把節和彝族年這兩個重大節日外，各彝區還有服裝節、插花節、密枝節、跳弓節等傳統節日，而我們所調研的貴州畢節彝區，依然留存著以下這些彝家所特有的節日。

一、隴閟打守木節（龍月初三節）

每年龍月初三（即農曆三月三日），是彝族民間的獻山日。是日，彝家人根據本寨集資能力，背負食物，趕著不生雜色毛的牛、羊、豬等四只腳祭牲，或提著兩只腳祭禽，在寨老和畢摩的引領下，鳴火槍、放地炮，吹吹打打往各自傳統的獻山地聚集。到達指定地點後，畢摩唸誦《祭龍經》，殺牲獻祭神山、神樹、祖先等，祈求一年風調雨順。

這個節日與漢族的三月三祭軒轅，時間相同，意義相近，但形式有別。祭祀完畢後，各寨還要巡山護林、種植苗木等。忙碌一天後，人們擺起長龍宴，聚餐暢飲，跳起《那瓦隴閣睹》（牽手跳龍門舞），盡興而歸。

大方縣響水民族鄉青山（官寨）村，曾立有這一節日的紀念碑，「破四舊」時被掀倒，後被村民暗中埋藏，今又掘出重豎。

二、姆閟打俄木節（馬月初五節）

「姆閟打俄木節」又稱端陽節、賽馬節、採藥節等。雖然時間與漢族的「端午節」相同，但意義和形式差別很大，漢族的傳統習俗是賽龍舟，而彝

家人的傳統習俗則是賽馬。每逢這個節日，彝家人便會聚集在海拔三千多米高的「阿哲姆者迪」（百草坪）上，各地區優秀的彝族騎手雲集，駿馬千匹，人山人海。前來觀看賽馬的各族人民，數以萬計。精心打扮的彝家姑娘們，以割韭菜為名，避開長輩的管束，來到附近的山坡上，與心愛的彝家小夥兒對歌。賽馬開始後，那些蹄輕腰短的本地馬在圍觀人群的喝采聲和加油聲中，在騎術精湛的騎手們的駕馭下，真是「塵不及起」「影不暇生」。比賽中名列前茅的騎手，還會得到馬龍頭、馬掌和鞍具等獎品。近年來，賽馬活動在當地政府的引導和扶持下，開展得如火如荼。

除賽馬外，當地懂得藥理的人則會提前一日上山採藥，因為在端陽之日對症內服外用，可使藥效倍增，藥到病除。因此，大方縣城的「端陽藥市」經久不衰。

此外，對於彝家的少男少女而言，它更是一個可以和意中人相聚、對歌、跳舞的美好節日。與以往不同的是，如今的年輕人不僅僅侷限於演唱傳統曲目，還創作出許多具有時代特色和個人風格的新詞新曲。

三、春節、元宵節

奢香夫人時期，貴州的彝族便主動增強了與中原地區的來往和交流。奢香夫人不僅帶領彝族人民鑿山開路，還改革了彝族的文字，使之更貼近於當地民眾的生產生活。此外，她高瞻遠矚，率先在貴州宣慰使司地置儒學，設教授，有效促進了漢文化在彝區的傳播，加強了彝漢兩族的交流和融合。而清代強力推行的「改土歸流」政策，除對貴州彝族的生產生活造成了巨大影響外，也使得當地的風俗和文化發生了重大的變化，春節與元宵節這兩個漢族的傳統節日，也由此走進了彝家人的生活。

除了傳統的求神祭祀、娛樂歡歌之外，彝族人過春節有自己的獨特方式。在我們調研走訪的威寧板底彝區，常常舉行「撮泰吉」「杜艾河」「掃火星」等活動，其中「撮泰吉」已被列入國家非物質文化遺產保護名錄。而到了正月十五日，人們會準備一桌以豬蹄肉為主菜的豐盛宴席，迎接新年第一個月

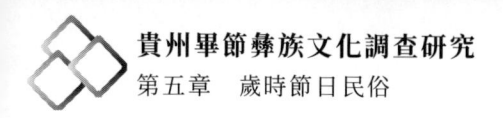

圓日的到來。傍晚時分，家家戶戶門外張燈結綵，門內一家老少圍聚在火塘邊，共賞皎潔圓月，共享天倫之樂。

奢香夫人墓碑

第六章　人生禮儀民俗

趙琳

第一節　誕生禮俗

一、求子儀式

　　貴州省赫章縣媽姑鎮楊紹文所藏之《吉祿谷數》（《不孕治療經》）一書，詳細介紹了不孕症的治療方法。此外，畢節彝區還流傳著許多求子儀式，就不一一贅述了。

二、孕育習俗

　　在畢節彝區，孕婦在懷孕期間，還要遵守諸多禁忌。在飲食方面，禁食兔肉。關於禁食的原因，民間還流傳著一種說法：兔子三瓣唇，如果孕婦食用兔肉，所懷胎兒的嘴唇將會變成兔唇。因此，孕婦懷孕期間，除了禁食兔肉，連看著兔子笑也不行。此外，孕婦在行為方面的禁忌也很多，如忌去辦喪事的人家，忌碰觸祭品，忌坐門檻，忌跨爐灶，忌在桃樹上曬衣裙等。

三、接生方式

　　現代醫療衛生技術普及以前，彝族地區實行傳統的接生方式，即產婦臨產時，請產婆到家裡接生。產婆接生時，亦有許多禁忌。如屋內不能出現與產婦的生辰和生肖相剋的人，也不能出現男子。

四、慶生禮俗

　　嬰兒誕生後的第三天上午，嬰兒的父母要殺雞供奉阿匹額索。（據彝族文獻記載，阿匹額索指的是撐托天地的中央大帝，被彝族人視為送子王。）此外，還要邀請族中德高望重的長者給嬰兒取乳名。如果是頭胎，孩子的父親還要備上一罈酒、一隻雞和一定數量的雞蛋向岳父家及其家族報喜。酒罈用什麼顏色的紙或布來封、雞蛋染成什麼顏色，則根據嬰兒的性別，按照男

紅女綠的原則來確定。因此，岳父家一看，便知嬰兒是男還是女。作為回禮，岳父家要回贈一壇甜酒、一升米、一只大紅公雞、一只母雞和一定數量的雞蛋。回贈的甜酒，彝語稱為「摳耳朵」，漢譯為「吃甜酒」。

孩子滿月時，則要操辦滿月酒，彝語稱為「闊德」。舉辦宴席這天，主家要邀請孩子外婆輩和舅母輩的親戚參加酒席。受到邀請的人往往會送些背扇（用以背負孩子的「襁褓」，俗稱「背兒帶」）、孩子的衣物等作為賀禮。所送的衣物，彝語稱為「啟幾」。主家則要回贈外婆輩的客人一件衣料。滿月之後，產婦便可擇吉日帶小孩回娘家，和娘家人共享添丁之樂。在帶孩子回娘家的路上，孩子的母親要撿三塊石頭帶回家，藏在孩子的枕頭下。因為在彝族的傳統觀念裡，人有三魂，這三塊石頭便代表了孩子的三魂，把它們壓在枕頭下，孩子就不會夜驚了。

等到孩子誕生百日之後，還要挑選吉日，由家中的最長者為孩子剃頭。需要注意的是，孩子不能剃光頭，要在前額，或按男左女右的原則，在耳朵上方留一些頭髮，作為孩子的「藏魂處」。剃下的頭髮不能隨意丟棄，而是要裝入一個彩色布袋，系於嬰兒的手腕上。這個習俗，彝語稱之為「啟迷漏」，漢譯為「剃胎毛」。

第二節　婚嫁禮俗

一、傳統婚嫁儀式

在畢節彝區，長期實行的是戀愛自由但婚姻不自由的婚戀觀，故婚姻大事全憑「父母之命，媒妁之言」。除此之外，彝區還有不同等級不通婚、不與外族通婚、姨表不通婚、姑舅優先通婚等禁忌。解放後，這些舊式婚姻習俗在大部分彝區發生了改變，青年男女可以自由交往戀愛，待到水到渠成時，男方便請媒人去女方家提親，促成婚約。但在一些偏僻鄉村，還存在著父母包辦婚姻的情況。

一般來說，彝族的傳統婚嫁儀式都要經過提親相親、定婚擇日、送嫁迎娶、拜堂迎親等程序。

第二節　婚嫁禮俗

（一）提親相親

1. 眉目傳情

平時，由於家事、農事繁忙，彝族村寨的青年男女少有機會和外村、外鄉的未婚異性接觸，因此，趕集和節日盛會便是他們僅有的社交場所了。每到這個時候，姑娘們便會身穿盛裝，打扮得漂漂亮亮的，三三兩兩地在人群中穿梭。而穿戴一新的小夥子們，則仔細地「掃瞄」著四周，發現自己的意中人後，便開始異常艱辛的追求之旅。

首先，他要緊緊地跟在意中人所在的那群姑娘的身後，直到姑娘的四周沒有長輩，又恰好能與姑娘的目光相對時，飛快地送給姑娘一個充滿愛意的眼神。當然，難免有些性急而心粗的小夥子，把姑娘身邊的長輩給看漏了。而那些樂於成人之美的長者，則會識趣地躲得遠遠的，決不當場指責。姑娘若是沒有看中示愛的小夥子，便不作任何表示，轉身離開，繼續和夥伴們往前走；姑娘若是看中了示愛的小夥子，便會衝他嬌羞地一笑，而這笑容就是打開兩人心扉的鑰匙。接下來，姑娘會藉口有事，離開同伴，而「心有靈犀一點通」的小夥子則緊緊跟著，待到僻靜人少處，兩人便互相問好，互留姓名住地，並約好時間和地點，再和各自的同伴一起去歌場，透過對歌交流感情。

2. 歌場對歌

彝語稱對歌為「曲谷」。以前，彝家的歌場對歌作為競比詩歌文學的重要舞臺，通常是由歌場元老谷阿哺和谷阿打主持的。由於肺腑中的情歌不能在長者跟前吐露，青年男女只好另約時間，去遠離村寨的山洞或山間野壩歡唱。到了約會的那天傍晚，姑娘們便藉口外出辦事，和其他夥伴一起去約會的地點。待人員到齊後，大家便燃起篝火，男女分別圍火而坐，透過歌聲互吐衷腸。與正式的歌場對歌不同的是，青年人的對歌比較自由，哪隊先唱都可以，不過通常由小夥子們先開口唱。彝族對歌發展到今天，形成了五言長詩體「鄒響」、三段式歌曲「曲谷」、頂真體歌曲「鄙啪達」、順口溜「百劃偷」、四句為一首的「山歌」五種主要形式。熊熊的篝火照亮了青年男女們的臉龐，婉約的情歌把年輕的心靈撞擊得更加激情湧動，愛的火花在你來

我往的對歌中和玩耍的旅途中迅速燃燒為「深沉的海水綠茵茵，石板上的小河清又清。水中照人面對面，世上情人心連心。甜蜜的愛情暖透心，阿哥阿妹喲永不分」的濃情蜜意。接下來，小夥子們便要準備拜年提親了。

3. 女婿拜年

透過對歌訂下終身大事的男女雙方，或由父母之命訂下婚約的男女雙方，若是打算來年舉行婚禮，這一年春節過後，即正月初三至十五之間，男方家要擇一吉日到女方家拜年，彝語稱之為「打偷合」，通知女方家要做辦喜事的準備。因此，凡是女方家的宗親，男方家都要逐一送去拜年禮。拜訪長輩家的禮品一般為半剖豬頭肉、一匹肋骨肉、一壇燒酒、一升燕麥炒麵或折疊的「那披」（即糍粑）。按照彝族的傳統禮俗，酒與炒麵是探親訪友的最佳禮品。半剖豬頭肉外加一匹肋骨肉，則是對長輩的敬重。兩匹肋骨肉則表示雙雙有喜。糍粑象徵著親密融洽。

拜過年後，男方家就開始準備迎娶的各項工作，女方家也要開始準備嫁妝事宜。男方家在完成擇定婚期、打製家具、迎親拜堂等準備工作後，就請一位女方父母信得過的人作為「富色」（即媒人）帶著彩禮去女方家提親，並與女方家一起商量具體的婚禮事宜。

4. 媒人提親

「富色」第一次到女方家提親，首先要說明是受某某所托來做媒的，討一杯喜酒喝，望主人家給個面子。然後介紹男方本人及其家庭的情況，誇讚一番小夥子的人品才貌，希望女方家長認真考慮。彝族的傳統婚俗為族內婚，族外不婚；等級內婚，非等級不婚；家支外婚，同宗禁婚；姑表優先，姨兄妹不婚等。因此，彝族在定親之前，必須先盤清雙方的「訶讀」或「嫩益」（即宗姓），弄清是否同一等級，能否開親；是否同宗，以免開錯親。如果彝姓相同，則不能開親。需要指出的是，彝族的漢姓並非宗姓，而是受漢文化的影響，從明代才開始出現的姓氏。所以，女方家長對男方「訶讀」或「嫩益」的考察是相當謹慎的。

接下來，男方家要對女方家的家庭情況進行全面的考察，根據調查的結果決定是否請「富色」第二次去女方家提親。對於這次提親，男女雙方都很緊張，因為女方的家長仍不會明確表態。直到第三次提親，兩人的心才真正落到肚子裡，表明女方父母認可了這門婚事。因此，第三次提親時，男方家會帶著豐厚的禮物上門認親家。女方家接到禮物後，特請至親長輩到場，打開禮酒，奠獻祖先。然後，所有人員一邊歡飲禮酒，一邊商討訂親和婚禮的具體事宜。這一程序彝語稱之為「富蛍」「雅確組」，漢譯為「放媒定婚」。

（二）定婚擇日

1. 燒雞吃

　　在第三次提親時，男方家會擇一吉日上門，由媒人帶領男方及其家長和歌師，背著燕麥炒麵、酒、布等禮物去女方家定親。酒和炒麵的數量，根據女方家親戚的具體情況備辦，每家一罈酒、一升燕麥炒麵即可。布料則按女方直系長輩的數量備辦，凡健在的長輩，男方家都要贈送一件衣料。此外，還要另備招待女方村寨各家代表的禮酒，以示「該女出嫁，九族皆知」。女方父母收下炒麵和禮酒，祭奠祖先後，大家同飲，親事最終得以確定。若女方家不同意這門婚事，則退還男方家禮物，並獻酒道歉。

　　定親的儀程，彝語稱之為「雅確組」，漢譯為「燒雞吃」。女方家同意婚事後，會準備一只處女雞，與男方家帶來的雄雞一起殺燒宴客，以象徵陰陽和合。同時，女方家還要邀請族中長輩至親赴宴。女方家的一家之主按客人身份、年齡、輩分等分配雞頭、雞翅、雞腿等。彝族人崇尚火，把火視為驅邪消災和帶來吉祥幸福的神聖之物，食物透過火的燒煮，才能達到驅邪除穢的目的，因此，燒雞吃的習俗既是彝族古代婚姻習俗的歷史遺存，同時也是彝族火文化的歷史遺存。

　　吃完雞肉，家中的長輩便用吃剩下的雞骨頭來占卜，分析判斷婚姻的吉凶。若是對占卜結果滿意，便將四支雞卦骨（即雞股骨）雌雄搭配成對，用五色綵線捆紮好，然後用碎布包裹起來，男女雙方各持一份作為訂婚憑證。這一儀式，彝語稱之為「咪合蘇色定」，意為姑娘的終身大事終於定下了。然後，歌師開始吟唱《姻緣》。歌詞雲：

太陽一朵花，月亮二朵花，星星三朵花。這三朵鮮花，各自在一方。日昇月沒落，各自有行道，若無星襯托，難分陰和陽；

雁是一朵花，鴻是二朵花，鷹為三朵花。這三朵鮮花，各自有歸宿。雁歸鴻回來，各自有時令。若無海鷹來陪襯，難分君臣師禮儀；

才郎一朵花，賢女二朵花，媒人三朵花。這三朵鮮花，各自住一方。若無媒人搭金橋，哪會結合成一雙。

伴隨著悠揚的歌聲，新女婿給大家敬酒，所有賓客都舉杯對這門婚事送上祝福。自此，男女雙方的姻親關係就正式確立了。

2. 送禮

酒過三巡，媒人將男方家帶來的彩禮擺在桌上，當眾交給女方家。這一過程，彝語稱之為「旨夥」，漢譯為「送牲畜」。以牲畜為彩禮的習俗，可追溯到彝族的遊牧社會時期。在貨幣流通以後，這一習俗仍保留了下來。

而彩禮一般是由雙方家長提前商定好的，由媒人當面點清，交與女方家長。為了吉利，彩禮一般不會一次給完，而是留有尾欠。在婚期的一個月或兩個月前，男方家才將剩下的彩禮全部補足給女方家，並最終確定好迎親和送親的一應流程，避免因禮俗差異而造成不必要的分歧和誤會。最後，女方家還要從足額彩禮中抽出一部分退還給男方家，表示有用不完的財寶。這一環節，彝語稱之為「紂媚雅」，漢譯為送彩禮的掃尾工作。

舊時，因彝族貴族有用奴隸陪嫁的習俗，所以男方家還要給陪嫁的奴隸送一份薄禮。有時，因男方未送齊彩禮，又有送小禮的程序。彩禮送完後，女方備嫁，男方備娶。

（三）送嫁迎娶

1. 過門點禮

婚期的前一天，男方家要派迎親隊伍去女方家接親。接親的人數則根據女方的陪嫁妝奩而定，並且只能是奇數。同時，女方家要在門前寬敞的場地上，搭起「超戛」（即棚子），燒起柴火，作為接待來客的場所。女方家除

要請來德高望重的「超戛摩」，主持收禮、記帳等事宜外，還要另請一位精明男子充當「補士」（即總管），負責安排客人的飲食起居。除此之外，「補士」還要安排幾人在女方家門前的要道口，用松枝或竹竿搭金、銀、銅三道籬笆門。每道門前都放有一張桌子，桌上放著一碗酒、一碗水、一枝杜鵑樹枝、一枝黃松樹枝，桌旁站著幾位會唱酒禮歌的女儐，把守著這三道門。當媒人帶領的迎親隊伍來到籬笆門前時，女儐們便攔住迎親的隊伍，並唱酒禮歌進行盤問。只有對歌者能夠對答如流，才能透過；若是對歌者對答不上來或者對答得不好，除了會受到奚落，還會受到被冷水潑淋或用鍋煙塗抹的處罰，直到迎親者請到「補士」或「超戛摩」前來解圍，這些女儐們才肯放行。而對歌者由接親的隊伍推薦，往往是新郎的弟弟，對歌的歌詞大意是：

今早我來時，父母和哥嫂特意作囑託，阿爹委託鳳冠飾，阿媽委託鳳衣飾，阿哥委託鳳腳飾，阿嫂委託鳳裙飾；

沿路看見杜鵑開，杜鵑花開滿山映，再映不及鳳飾美，特意帶來扮阿嫂，接阿嫂回家。

歌畢，先用桌上的水漱口，再端起酒一飲而盡。如果錯把水當成酒喝了，則會引起眾人的哄笑。雙方以歌娛樂，一唱一答，氣氛活躍，場面熱烈。隨著女儐們邊唱邊退，迎親的隊伍相繼透過三道門，來到接待賓客的「超戛」前。女儐們繼續盤問，接親隊也繼續對答：

來到超戛前

已過金銀銅牆門

經過閣門十二道

全得表姐們來引路

感謝表姐們的開門

對歌者對答完畢後，女儐們讓出一條路，迎親者的代表平舉酒杯上前，以進三步退三步的敬酒舞姿向「超戛摩」敬酒行拜。與此同時，歌師在旁演唱《散酒歌》：

圓圓天圓圓，天上月亮圓。若不是月亮，星星不團聚；若不是星群，月亮無依託；

圓圓地圓圓，地下曬壩圓。若不是曬壩，五穀不堆聚；若不是五穀；曬壩空蕩蕩；

圓圓人團圓，老年人團圓。若不是老人，青年不團聚；若不是青年，老人無寄託；

……

歌畢，迎親者把敬獻給女方家長輩的半邊豬頭，祭奠祖先的酒，新娘母親的衣料，新娘的蓋頭巾、首飾等物品，一一擺放在「超戛摩」面前。若是新娘的父母一方或雙方不健在了，男方家還要加獻一隻羊或一頭豬，在午夜進行祭獻。這些禮物當中，以半邊豬頭最為貴重，其次為蓋頭巾。彝諺說：「無敬老則事無成，無頭巾則不發親。」說的就是蓋頭巾的重要性。此時，在場的姑娘們則會趁機搶奪禮品，造成禮交不全的場面，並以此為樂。若是禮物被搶走了，接親隊必須以酒拜請「超戛摩」出面，勸說姑娘們將禮物交回。因此，有經驗的接親隊往往在「超戛摩」面前將禮物亮一下相，然後便迅速送到「各阿打」（即歌場奶奶）處點交。此時，歌師開始吟唱《交禮歌》：

各阿打膝下，當面來交禮，一交鳳冠頭飾禮，二交鳳頸紋飾和套衣，三交護腿飾與孔雀裙，四交嫁女歌舞禮，五交酬謝撫養禮。

如果新娘的父母均健在，則在《交禮歌》中就無需帶有「畝諾巴」（即豬牲）一詞。

2. 對歌作樂

女方家清點完禮物之後，迎親的隊伍便可以去用餐了，而姑娘們則會在餐廳門前攔路盤問。此時，迎親隊的對歌是：

來到門前抬眼看

門前階梯層疊精又美

屋簷恰似雄鷹展翅飛

門窗用金造

壁上鍍金銀

貴家華堂耀眼壁生輝

　　歌畢，姑娘們進屋關上了大門，迎親者只有對答無誤後，才能進屋入席。如對答不出，他們的筷子就會被姑娘們搶走。一番你來我往的對歌之後，由媒人作最後的對答：

規矩前人定，紅線媒人牽，

金線搭成橋，銀磚鋪築路，

萬事已懼備，今天來接親，

雄雞一啼鳴，嫁期即來臨，

半夜行梳妝，天明即啟程，

初果（新郎之弟）上前牽馬引路，

阿哥（新娘之哥）隨後保駕送行，

一直送到婆家門。

　　姑娘們和接親隊對歌作樂的儀式，彝語稱之為「初初侯」，即循序盤問接親隊的意思。其間穿插有「打親」、搶筷子等環節，搶筷子則代表著把姑娘從父母身邊搶走，送去婆家成家立業。需要指出的是，當對歌作樂影響到婚禮儀式的正常進行時，「超戞摩」就會親自出面制止。

3. 溯源盤歌

　　宴席結束後，接親者會被女方家請到堂屋，依總管的詢問，邊唱酒禮歌，邊擺禮物，告知男家的「婁諡」（即家族源流）。然後，新娘家開始祭祖活動，在堂屋中央偏上處擺好供桌，供桌上放一個盛滿大米或苞谷的升子，彝語稱之為「畝祖」，漢譯為供糧。供糧上點一盞燈，升口四角插上四根筷子作撐竿，頂端套上紅辣椒，再罩上豬的蒙肚油，以示對天地日月和祖先的奠獻。此外，供桌上還要擺上三杯白酒。新娘的幾位姑媽或姐姐在供桌上方坐成一排，幾

位嫂子立於下方，陪伴的姑娘和新娘則一起坐在左方。姑媽隊的領隊把舞帕搭於左肩，開始唱祭奠歌，嫂子隊隨聲附和：

遂年最吉利，人勤天時順，五穀乃豐登。金碗盛供品，陳設供桌上，銀勺舀佳餚，供養天地親。

緊接著，以歌勸說新娘吃飯：

父母與哥嫂，特意設宴席。不是孤立你，為你辦喜宴。還是嘗個味，莫把宴席撤。威榮別人樹，名聲瞞不住。親友圍攏來，恭賀你成婚。振作做強人，莫做懦弱女。

歌畢，姑媽隊的領隊將肩上的舞帕拿在手中，在前引路，新娘的哥哥背著新娘緊緊跟著，嫂子隊跟在新娘的後面，整個隊伍繞堂屋逆時針轉三圈後，前往舞場，沿途應景贊唱：

堂屋鋪松毛，鋪松毛迎客。

四壁掛滿畫，張燈又結綵。

綵燈相輝映，門壁都鍍金。

門框用金造，猶如鷹展翅。

石梯工藝精，金磚鋪成路。

當到達「超戛」時，姑嫂兩隊還要根據接待情況，進行問答式二重唱：

小姐臨行嫁，君臣師光臨，親友來致賀。

最後，整個隊伍到達舞場。舞場上置有由男方家帶來的「十二只耳朵」大酒罈。「各阿打」指揮歌舞隊按規定的程序表演酒禮歌舞。歌舞隊還要在舞場內繞行三圈，邊走邊唱，歌詞為：

君家小姐出嫁，要唱君家酒禮。

臣家小姐出嫁，要興臣家嫁規。

師家小姐出嫁，要興師家儀程。

第二節　婚嫁禮俗

彝家姑娘出嫁，要依彝家習俗。

舞場置禮酒罈，各阿打坐鎮指揮。

彝族新娘的嫁衣

　　入場儀式結束後，新娘被迎回閨閣梳妝打扮。彝族新娘的盛裝一般包括鳳冠頭飾、對襟套衣、鳳頸紋飾披掛、孔雀長裙等。與此同時，而舞場上的歌舞隊則會與親戚中的歌手進行盤歌比賽，大家各顯神通。盤歌內容涉及天文、地理、歷史、倫理、道德等。此外，歌舞隊還要跳起「撒麻舞」，將撒麻、薅麻、砍麻、泡麻、剝麻、績麻、紡線、織布、量布、剪裁製衣等動作透過舞蹈的方式惟妙惟肖、流暢自然地表達出來。

彝族新娘在出閣時，還會跳上一曲「舍安婁」，漢譯為「金鳳飛」孔雀舞。此舞是彝族先民模擬金孔雀追逐、跳躍、壘窩、生蛋、梳羽、試飛、高飛等動作編排而成的。新娘在婚宴上跳此舞，一來可以增加儀式的熱鬧，二喻姑娘將要遠走高飛。

出嫁之夜，每到一批親戚，新娘都要行一次哭禮，訴說自己的依依不捨之情。而新娘的父母還會以歌舞的形式贈給新娘一件披氈，象徵她出窩高飛，另築新巢去了。披氈用羊毛製成，披在新娘身上，猶如金鳳在展翅飛翔。贈送時，新娘坐在舞場中央，歌手在新娘左右兩側相向而立，按照規定的舞步將披氈送給新娘。

4. 臨行出嫁

正式發親前，要舉行「搶馬路」的儀式。即接親隊派出一人攜帶新娘的一雙鞋，提前出發（多在天明前）回男方家。若遇另一搶路人，雙方必須交換鞋，意味著新娘嫁到男方家後，會諸事順利。

彝族發親，除特殊情況外，必須按照事先確定的良辰準時發親。良辰將至，新娘邊哭邊給親朋好友和前來幫忙的鄰里族人敬獻她做姑娘時的最後一支煙、一杯酒，以示告辭鄉親父老。隨後，接親者中的一人要騎著接親馬，在女家門前轉三圈，讓馬大小便，以免新娘上馬時，馬拉大小便而犯禁忌。這個試騎接親馬的儀式，彝語稱之為「姆獨尼」。「姆獨尼」後，指定的牽馬人將馬牽到女家大門口，由女家給馬掛紅。接著，新娘的哥哥背著新娘繞堂屋轉三圈後，向門外迎娶的車或轎走去，眾人則跟在後面相送。護送新娘的車或轎到達指定的地點後，要停下來給新娘整理一下妝容，並勸她不要再哭泣了。待新娘的情緒穩定後，再鄭重地把她交給男方的接親隊，完成整個交接禮儀。

第二節　婚嫁禮俗

彝族新娘的蓋頭巾

據《中國彝族服飾·烏蒙山型·威寧式》載，畢節彝族新娘出嫁時，有在面部蓋玉巾以遮羞的習俗，彝語稱之為「博束」。在我們調研的大方、黔西、織金等彝區，還保留著這一古老的習俗。「博束」一般由綢緞製成，分兩層，內青外紅，頂為泡花，下為細褶，後綴一對飄帶，上嵌珠玉之物，前齊胸，後齊腰，左右搭於肩上。

給新娘蓋上玉巾後，由新郎的弟弟牽著馬，接親隊把新娘扶上馬背。此時，新娘在送親隊伍的簇擁下正式上路。周圍哭聲四起，場面十分悲壯。

接親隊伍走到半路，還要舉行「半路放馬」的儀式，儀式的地點也是男女兩家的分界點，象徵著新娘此後成為男方家裡的人，去世以後，其魂魄最遠只能到此分界點，不得回娘家。到達儀式的地點後，接親隊扶新娘下馬，讓她坐在氈子上休息一會兒，並用酒祭奠路旁的果木樹神，祈求新娘早日為男方家開枝散葉。路途中，如果與另一接親隊「撞親」，兩個新娘還有互換玉巾的禮俗。

至此，嫁的儀式就算結束了。

5. 接風洗塵

彝語稱這一儀式為「苟漏合價」。男方家在自家大門前的路口，架一道用削了皮的五倍子作成的門，設一神位，置一碗水，扎一茅草人守護著水碗，

男方家的「普吐」（即常務總管）則站在門前等候著新娘、送親隊及接親隊。看到他們時，先迎上去，將新娘的叔叔和舅舅請到下榻處休息。因為彝家有規矩，新娘的舅舅和叔叔都不能參加拜堂儀式。新娘則等候在木門前，畢摩開始唸誦經文，進行一系列祭奠諸神的儀式，然後才能請新娘過木門。畢摩手提一只公雞在新娘頭上輕掃三下後，將它從新娘頭上向外丟出，新娘把手裡擦淚水的毛巾反手掛在木門的橫樑上，所有的陪嫁物品也要從木門下透過，以掃除邪祟。

6. 進親拜堂

新娘要拜過了堂，才能真正算為婆家的一名成員。因此，在拜堂儀式上要給新娘另取新名。新娘出嫁，嫁的活動是為其送行，而娶的禮儀則主要是為了祝福新人婚姻生活的幸福和美滿。

新娘進堂屋前，男方事先在堂屋的神龕前放一張方桌，上置一裝滿供糧的升子，點一盞油燈，供糧上插一根松枝和竹枝，升子底腳的前邊放三小塊石頭，又置一碗清水。待新娘來到大門口後，由事先選擇好的「福命」夫婦揭去她的玉巾，拋往堂屋簷上。男方家若沒有安排揭頭巾的人，接親隊、送親隊和媒人就會去爭搶新娘的蓋頭。若是送親的搶到，將蓋頭拋往檐上，表示新娘將來不會受到欺負；若是接親的搶到，則將蓋頭拋到地上，表示新娘將來會抬不起頭；假若媒人搶到，就把蓋頭搭在手腕上，表示新娘將來會受到平等相待。

揭完蓋頭後，接親的人將新娘抱下馬，交與兩位小姑子，將馬鞍取下，橫舉著越過馬頭，放在大門前。堂屋的門檻處，預先會放一枚雞蛋，覆蓋一土碗，土碗上扣一把小木勺。新娘在兩位小姑子的攙扶下，將碗、蛋、木勺踏碎，走向堂屋。進入堂屋後，面向神龕立於下堂。送親隊隨之進屋排坐在左邊，新郎的叔伯和嬸娘排坐在右邊。拜堂儀式由「慕史」專門主持。新郎、新娘的弟弟各斟一杯酒，奉請「慕史」頌祝。「慕史」先問新郎、新娘兩家是什麼「嫩益」和「訶讀」，即姓氏和源流。儘管提親階段對此作過嚴格的考察，但為了慎重起見，還要再次確認是否同宗。確認雙方不同宗後，「慕史」

請公公給兒媳婦取新名，然後宣讀頌詞，彝語稱之為「直尤」。頌詞的具體內容是：

先敬天地神，再敬祖神靈。陰陽定乾坤，男女配夫妻。某氏生才郎，娶某氏賢女。婚姻結情誼，兩姓情誼深。情深似海洋，堅實如紅岩。象松柏常青，似翠竹蔥綠。夫妻互敬愛，春燕比翼飛。勤儉創基業，莫忘農耕事。種平地獲豐收，種高坡糧滿倉。陳糧起煙塵，新糧堆如山。河壩石砂子，可變鬥黃金。滿山樹木葉，可變美服裝。滿山麂和鹿，會變家圈羊。滿山坡野雞，會變家院雞。一天跟著君，學會掌權政。一天隨臣行，懂得施政令。一天陪師坐，能司祭祀儀。

出門交朋友，經商做買賣，百事皆順利。心寬自安泰，延年又益壽。高齡九十九，超越一百二。仙鶴一千歲，古松萬年青，夫婦偕老千萬年。

祝頌完畢，新娘致謝後，即由陪娘扶進洞房。進入洞房時，畢摩唸誦道：「房梁做夫妻，鍋莊為婦伴，福不走遠親，祿不走近戚，福祿不行外。」因為彝家姑娘出嫁，有七天忌水、三天忌食的習俗，彝稱之為「鑿果」。因此，婆婆會特意給洞房裡的新娘送一碗稀飯，表示關懷。而新娘吃過婆家飯，就算是婆家的人了。雙手接過稀飯後，新娘將腳上的繡花鞋回贈給婆婆，也給其餘嬸娘各敬奉一雙花鞋。這個過程，彝語稱之為「阿尼尺乍河」。「阿尼」即婆婆，「尺」即米，「乍」即煮，「河」即送，漢譯為「婆婆送米稀飯」。這時，送親隊的小夥子和伴娘隊的姑娘，使用稀飯塗抹對方的臉，互相取樂。吃完飯，新郎家的姻親每戶派出一位代表，備上煙酒，前往送親隊的住處敬酒認親，彝語稱之為「阿雨直車」。眾親家邊唱邊談，載歌載舞，場面相當熱鬧。

7. 敬酒贈鞋

拜堂的次日，主家邀請送親隊和前來參加婚禮的親戚族人，共同舉行敬酒贈鞋的儀式，彝語稱之為「谷咯」。主家選擇一塊寬敞的坪子地作為場地，在場地中央放兩張四方桌，桌上是彝家特產的咂酒，壇口插四根酒竿，兩根通氣（給人飲用），兩根不通氣（給諸神享用），每根酒竿上都繫著嶄新的方帕。主家的歌師唱起開場曲，主賓入場，按主左賓右的原則，依輩分依次

就坐，場外是圍觀的人群。新郎新娘進入場內，裝煙、斟酒。一善舞青年平舉煙鬥或酒盤，按進三步退三步的舞步，屈膝弓箭步，給就坐的長者和左右主賓敬酒。頭兩巡敬酒時，若有人伸手取酒杯，舞者就會迅速縮回酒盤，惹得哄堂大笑。酒至三巡，受敬者用酒後，舞者退三步進三步，平舉酒盤，收回酒杯。用酒者在送還酒杯時，要回贈給新娘一些針線錢。若受敬者故意不送還酒杯，舞者會想盡辦法索取，而圍觀的群眾就會趁勢起鬨。一陣笑聲過後，歌舞隊開始表演歌舞節目。表演結束後，主持人高聲說道：「主家來二人，賓客來二人。彎彎導酒管，各自吸咂酒，不要互瞪眼！」賓主男對男、女對女，雙雙出場，邊歌邊舞，交叉成「爻」形繞至酒罈邊，各自取酒管飲咂酒。取到酒管後，要邊唱祝詞，邊用方帕擦拭酒竿。祝詞曰：「某氏良女擇賢婿，某家俊男迎淑女。美酒咂酒加甜酒，醇良美味醉心田。」如果抓到的是不通氣的酒竿，累得臉紅脖頸粗都吸不上酒，就會引起一陣哄堂大笑。接下來，是新娘向新郎的姑媽們和姐姐們各贈送一雙花鞋，仍由舞者以舞來敬送。部分地區，贈鞋儀式在「婆婆送稀飯」時進行。

當天晚上，總管及男家要帶上禮物去敬獻送親者，彝語將這一禮儀稱為「阿雨直車」，意思是給舅家獻酒。這裡的「舅」指的是所有送親者。除了敬獻煙酒外，男方家還要送去「阿雨籌敷」，即甜酒和炒麵。有時，男家還會請送親者到堂屋欣賞「超夏摩曲作」，即超夏老人代表主人家致謝的歌舞。我們走訪的威寧馬街彝族的「超夏摩曲作」別具特色。男家請送親者到堂屋入坐後，由超夏老人帶領九個男人，手牽手地從廚房出來，邊走邊唱，還要學嬰兒哭。九人中，第一個手持火把，意為燒火人；第二個提隻豬腳，意為屠夫；第三個的頭帕裡插一柄小木勺；第四個頭頂高腳簸籮，意為做飯人；第五個背個布偶娃娃，意指婦女；第六個提豬膀胱，意為廚師；其餘三個空手，意為幫忙人。在堂屋表演完畢後，依次轉到其他客人的住處唱歌跳舞。

8. 娘家回親

「谷咯」的第二天，送親的隊伍就要離開了。吃完早飯，送親隊的負責人「阿雨哺」（即新娘的叔叔）指揮送親隊收拾好行裝後，來到主家「超夏」前，「超夏慕」命人安排宴席。賓主均按三代人對應相陪，席間，新郎家要

贈給送親者草鞋錢、半邊豬頭、酒等，以表示酬謝。宴席結束後，送親隊伍集中就坐於堂屋的左邊，新郎的父母、叔伯、嬸娘坐於右邊，共飲酒道別。之後，由新郎家「普吐」安排幾位小夥子，一人牽著一匹送親人騎來的馬，恭送送親隊啟程。新郎扶「阿雨哺」上馬後，其餘的送親人員相繼上馬。新郎上前各敬一杯餞行酒，稱「上馬酒」。新娘的叔伯輩在馬背上喝完新郎敬的酒後，將新郎家給的草鞋錢放於酒杯內，還贈給新郎，祝福他勤勞致富。新郎跪拜謝贈。其餘的送親者不用返贈草鞋錢，飲完酒，將酒杯丟在石頭上打碎，表示打破口嘴，今後兩家常來常往，和睦相處。新郎家還要另外送兩個杯子讓送親隊帶走，請他們在回程的途中遇到結果的樹木時打碎，祝願新娘今後多生兒女。

「阿雨哺」領先上路。行至百米遠時，新娘的弟弟回轉馬頭，來到送行的人群前，再道一聲「慢坐」，才隨隊回家。有時，送親者離開新郎家後，又回馬到男家「超夏」一趟，意在告訴新郎家，不要欺負新娘。

至此，彝族的整個婚嫁禮儀結束。

（五）婚後其他禮俗

過去，還有九天回親的習俗，即送親者送新娘到新郎家後，九天才回轉，後改為六天婚期，再進一步演化為三天婚期，一直延續到現在。

彝族婚俗規定，回親之前，新婚夫婦不得同宿。婚後一個月內，新娘不得串門走戶、回娘家探親。在這個月內，新婚女子被稱為「妻亥」（即新娘）；一個月後，則被稱為「妻郎」（即年輕媳婦）；生過小孩後，便被稱為「尼諾」（即婦女）了。

新婚滿月後，新娘被接回娘家小住數日，隨後又被接回婆家。大方、織金等彝區，有新婚七天「回門」的禮俗，彝語稱之為「慕篤仰」。

新婚當年，新婦回娘家過年，次年回娘家過正月十五。已嫁出的彝家姑娘，回娘家不得直入大門，也不得橫穿上堂神靈前。直到侄女出嫁時，才能坐上席，勸誘新娘吃餞行飯。

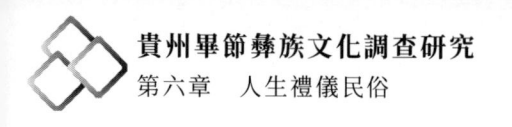

二、特殊婚俗

彞族人的婚姻以「父母之命、媒妁之言」的包辦婚姻為主要形式，鮮少出現其他形式的婚姻形式。若是出現了，則會被雙方家族視為恥辱。因此，在彞文典籍中很少有入贅婚、交換婚、再醮等特殊婚俗的記載。

1. 改嫁

在彞語中，嫂嫂稱「阿摩」，叔叔稱「摩雨」，雙方的親密關係由此可見一斑。在彞區，叔嫂之間可以隨意嬉笑打鬧。在迎娶嫂嫂時，由小叔子負責牽馬帶路；嫂嫂進入家門後，有照顧小叔子的義務。若是小叔子尚未成年，婆婆就不健在了，嫂嫂還要撫育小叔子長大成人。因此，嫂叔之間的感情十分深厚。

若是兄長因故去世，嫂嫂年輕守寡，根據彞族的傳統習俗，小叔子有與嫂嫂成婚，撫養侄兒侄女之責。但若是叔嫂年齡差距過大，或者叔嫂不願意成婚時，嫂嫂只能在家族內部改嫁，侄兒侄女則由小叔子負責養育成人。

奢香博物館內展覽的彞族民俗

2. 搶親

與一般意義上的搶婚不同的是，彞族的搶婚是男女雙方願意、父母同意、媒人說好了的一種娶嫁形式。需要指出的是，不管用什麼形式把姑娘搶到家

後，男方家都要按當地彝族的習俗，舉行婚禮，並宴請賓客。「搶親」是彝族的一種傳統婚嫁形式，男方家去搶是對女方家的尊敬，表示姑娘不是嫁不掉才送去的。

第三節　齋祭禮俗

「齋祭」在彝語中稱作「數捽」，有大祭、中祭、小祭之分，小祭每三十年舉行一次，中祭六十年舉行一次，大祭九十年或逢盛世舉行。主要目的是超度已故祖妣、建祠堂等，規模可大可小。凡具備條件的全家族或各支系，都可以舉行。

按齋祭對象、具體內容等的不同，彝族的齋祭主要分為靈祭與活人祭兩類，下面分別加以介紹。

1. 活人祭

「活人祭」是指為健在的老人舉行的祝壽儀式，彝語稱之為「數捽」。子孫後代為祝壽者起造廟宇高堂，舉行「仇主」（祭食晚飯）、「雨鬥」（解冤）、「溢侯巴」（淵源）、「此谷」（獻藥）、「雨博塔」（拆冤）、「恆紀抽主」（祭獻早飯）、「賽車」（超度）等活動。祭祀期間，祝壽者的衣食住行要單獨安排，祭後一百二十天內的飲食全部透過祛邪儀式後，方可取用。

舉行活人祭的日期一般是單數，一天、三天、七天、九天等，最多的有四十九天，根據主人家的實際情況而定。下面，筆者以一天祭期的活人祭為例，對這個儀式加以簡要介紹。

所有祭祀活動均在晚上進行。

首先舉行的是獻晚飯祭牲儀式，主人家事先準備好一只盤角綿羊，畢摩按順時針方向牽著綿羊圍著堂屋轉數圈後，牽到堂屋中央的靈前，唸誦《獻祭經》後，便在靈前打殺了那只綿羊，然後再念「解結」「驗牲」「獻牲交待」「喪事獻酒」等經文，用羊盤角為老人打開去陰府的大門。若有親戚奉

獻其他祭牲，則按舅爺家、姑媽家、女兒家、侄女家的順序，重複祭牲過程，即按逆時針方向牽著祭牲轉到靈前獻祭。祭牲可以是綿羊，也可以是豬。

祭牲儀式結束後，畢摩就轉到堂屋神龕後的「布紀」（即經堂）唸誦經文，經文主要包括「雨鬥」（解冤）、「雨補舟」（蒐集冤愆）、「雨博塔」（判斷冤愆）等。與此同時，主家分別到舅爺家、姑媽家、女兒家、侄女家的火塘敬煙敬酒求封贈，這幾家人之間要互相到對方家的火塘敬煙敬酒，彝語將這一過程稱為「直篩直妥」，意為大家團結起來，安排好老人家將來的安葬事宜。主人家的火塘一般設在院壩正中，從左到右依次是舅爺家、姑媽家、女兒家、侄女家的火塘。畢摩唸完「雨博塔」，轉到老人堂屋之後，夜晚的祭禮基本結束了。

次日早晨，老人的兒媳到畢摩的經堂處敬煙敬酒求封贈。畢摩吃完早餐後，開始進行獻早飯祭牲的儀式。其程序基本和獻晚飯祭牲的儀式相同，同樣先從主人家開始，依次牽著祭牲到靈前獻祭。

2. 靈祭

「靈祭」，在彝語中稱之為「戲掙」，與活人祭的儀式和日期大致相同，只是增加了「細塔把」（悼念）和「伍摸」（指路）等儀式環節。祭牲一般用黃牛九頭、豬羊雞等若干，每位祖靈各一只（頭），屆時按需取用。

「細塔把」（即悼念）由畢摩主持和吟誦，悼詞主要表達了對死者的悼念、追思、緬懷和祝福。悼念結束後，由畢摩主持並吟誦《指路經》，指引亡者的靈魂踏著祖輩的蹤跡，沿著先世之遷徙路線，返回祖宗的發祥地，進入歷史祖妣的行列。

唸誦完《指路經》後，畢摩用綿羊一只祭祖安靈，彝語將這一儀式稱之為「果車」。彝族人民崇拜竹，以竹為祖，以竹為家，以草為魂。因此，除了祭牲為死魂安家之外，還需以刺竹製作祖妣靈筒。靈筒一般長三寸六分，上口下底，中間對面穿孔用白茅草根纏少許綿羊毛及紅綠兩色絲線（男紅女綠），分別代表祖妣之靈，放入靈筒。經「恆阿德」（即祭祖經師）認可後，可將米、鹽、茶、花椒、菜籽及羊血等，按長次分別裝入靈筒內。此外，還

要將「匹數」（即祖妣名）、「洪吱」（即神靈）、「恆苦閣倮」（即三個鍋莊石）等，一併裝入靈筒蓋封。族下子孫逐一奠祭，再經過一系列驅邪儀式後，送入祠堂，享受後代兒孫的長期供奉。

第四節　喪葬禮俗

一、喪葬儀式

1. 送終初喪

彝家人忌諱死於床上，所以人臨死時，親屬將其抱到堂屋正中，扶坐於桌上，身邊放上用三棵針樹和五倍子樹做成的金銀棒，日夜守護在其身邊，作為死者的拐杖和打狗棒。人絕氣時，口含銀幣，手中放入代表金銀的木片，腳踏裝有五穀的器具，長子、次子分別扶其左右臂，並在死者頭部上方用水嗆死一只公雞，漢譯為「引路鷹」。再殺一只白色的公綿羊，作為「送魂羊」，象徵著死者的星宿起升。

然後，牽著一匹佩馬鞍的駿馬候於門外，將馬鐙交叉置於鞍頂，讓死者的靈魂騎著駿馬歸天。孝男孝女用一盆清水洗盡亡者全身，為死者梳頭，依次換好壽衣、鞋、襪、帽等。殮衣宜單不宜雙，用線作紐扣，小襟蓋大襟，腰帶忌用苧麻線。屍體入棺時，需平直仰面，視線低於腳尖。

停屍在家期間，孝男孝女日夜守靈，禁止貓狗等跳躍屍體。喪家擇定祭葬日期後，即遣人向姻親報喪。報喪者手持報喪棒，一路不得與任何人言語，到當請的親戚家門前後，將報喪棒插在地上，坐下等待。親戚家聽到動靜開門見狀，便知有喪事發生，急忙拿出煙酒敬獻報喪人後，請其到家中就坐，報喪人這才開口告知喪事的情況。親戚家得知詳情後，殺雞取心繫於門前的報喪棒杈口上，表示人雖未到而心意已到，將會如期赴祭。在煮雞招待報喪者，恭送其持棒離去後，親戚家便開始準備赴祭的相關事宜。

2. 設靈齋祭

根據規模的不同，彝族的齋祭主要分為「仇煮」「數奏」兩種。除通行的齋祭禮儀外，根據男女的不同，男性還要增加「纠鬥纠車」的儀式，女性

還要增加「賽鬥賽車」的儀式，為死者解脫在世時的罪過與不潔淨。對於非正常死亡者，還要請畢摩舉行「合透」儀式，為之招靈和驅邪。

齋祭活動由「普吐」負責安排，齋祭儀式由畢摩主持。齋祭的規模有大小之別，一天一夜為小齋，大齋則分為三天三夜、七天七夜、九天九夜三種。小齋不設靈堂，大齋皆設靈堂。下面，以三天的齋祭為例，簡要介紹一下設靈齋祭的具體流程。

第一天，殺牛、羊或豬作祭牲，舉行完小齋的所有儀式，並為次日的大齋做好準備。第二天，設靈堂建神臺和靈位。祭場正中設靈堂，房內停靈柩，靈柩底下置碗水，碗上搭一雙筷子，筷子上放一盞燈。靈堂周圍佈置有十字燈、燈籠、彩旗、紙馬、師、虎等。南門內設有火塘，讓赴祭之家按親疏長幼的順序順時針入坐，以舅家的火塘為首，圍成半圓。祭場外的西北角設神臺，請畢摩入坐；西南角為「超夐」，前設主家火塘。當日，早晚各殺一隻雞作獻祭。夜晚，趕來祭奠的人到齊後，請畢摩上神臺主持相關儀式。畢摩唸完一段經文後，喪家按順時針方向繞靈堂跳鈴鐺舞一週，然後在靈堂前的空地上跳「雞翅拐」（之字形）、「甑底形」（太極圖）、「平圓拐」（萬字形或馬蹄形）的舞蹈。跳完後，在畢摩的帶領下，總管左手提燈，右手持神拐在前，其後緊跟著持燈、擊鼓、扛旗、唱歌、跳舞、吹嗩吶的隊伍。祭奠者彎腰垂首跟在隊伍的後面，由東門進，西門出；南門進，北門出。這時，火炮聲、嗩吶聲、馬鈴聲、歌聲此起彼伏，整個齋祭活動達到高潮。以畢摩為首的祭奠隊伍繞靈堂三週，跪拜三次後，給死者獻牲。獻牲完畢後，祭奠者走出祭場，繞靈儀式隨之結束。

接下來，是喪禮祭祀的最後一個儀程，畢摩念《指路經》，為死者指路。

按赫章縣境內的彝文《指路經》所載，以各家的祭場為起點，經威寧西梁山，跨過牛欄江而進入東川境，最後抵達哀牢山。路徑指明完畢，畢摩吟誦收場經文，請「曲糯」「祖糯」「亦糯」三魂各歸其處。按彝族的傳統觀念，「曲糯」去發源地，「祖糯」看守墳墓，「亦糯」進入祠堂。此時，孝男孝女持香火站在靈堂前，送亡魂上路。其餘幫忙的人則將祭貨收攏捆紮好。

若行火葬，則將祭貨聚攏於靈堂前，和屍體一起燒掉。要是行棺葬，則把祭貨運到墳前燒掉。

3. 出殯安葬

安葬的時辰，是畢摩根據死者的生辰、死辰、四柱等擇定的。唸完《指路經》之後，畢摩領著祭奠人抬著紙馬，提著燈籠等祭品，繞靈堂三圈後，用稻草扎一茅人作為靶子，讓眾人用箭去射，意在驅邪求吉。然後，正孝下跪於棺前，叩請親友鄰舍抬喪送葬。送葬途中，孝子們要五體投地三次，使棺木從自己身上透過。

此外，還要按照提前擇定好的良辰吉日，進行「打井」儀式。這個儀式，一般在黎明以前進行，且不能耽誤安葬的吉時。安葬的吉時到後，正孝和主親開棺查看死者體位，然後蓋棺。棺蓋要留條縫隙，作為靈魂出入的通道。畢摩高喊「生魂出，死魂入」，閉棺，進行上土儀式，然後由族中長房將「引魂雞」摔死於墳上，連喊三聲死者之名，請死者領取其「引魂雞」。此雞隻能在野外燒吃，不可帶回家中。此外，還要在墳上宰羊，祭奠山神和土神。喪事結束後，供死者靈魂騎的雄性馬、供死者靈魂馱什物的雌性馬，分別由父舅家和母舅家牽去，彝語稱之為「姆栽惹」。

4. 葬後延孝

安葬後，孝子要連續三天在黃昏前給亡人送燈、潑水飯。第一天送至墳前，第二天送到半路，第三天送到門口。葬後第三天，除要給墳地加蓋一層新泥外，還要招死者三魂之「亦糯」進入靈堂，設靈位、制靈筒，進行招靈儀式。亡靈要返家時，鋪細灰於堂屋的地面，全家到鄰舍借宿。次日，回家觀察灰上留下的痕跡，若留有貓狗等家禽的足跡則吉，留有人或其他禽類的足跡則凶。

在父母去世的當年，孝子忌辦喜事。三年內，忌招惹是非、殺牲害命、打架鬥毆等。期間，每年要用一只雄性山羊祭墳。此後，每逢正月十五晚上，必須於墳前點上燈籠，照明通宵。每逢清明節，都要上墳虔誠祭奠。若墳墓有損時，主孝家需要擇吉日加以修葺。

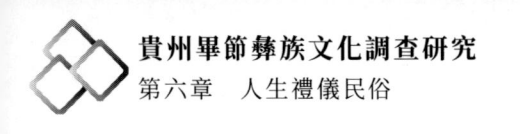

此外，彝族還有「遷葬」「箐葬」等特殊葬俗，在此就不一一贅述了。

二、葬法

彝族在歷史上，曾實行過多種喪葬習俗，《那史紀透》《物始紀略》等彝族典籍對火葬、土葬、林葬、岩葬、水葬等喪葬習俗進行了詳細論述。

關於火葬，郭子章的《黔記》載：「死則集千人披甲冑，馳馬若戰，以錦緞氈衣披死者屍，焚於野，招魂而葬之。」具體的焚燒過程及禮儀，可詳參《大定府志·疆土志四》。

土葬的儀式與火葬大體相似，只是將露天焚屍改為焚衣，並增添了入土的環節。明代法律明文禁止火葬：「將屍體燒化或置水中，杖一百。」清道光年間，任大定知府的黃宅中在《諭民二十條》中指出：「夷民惡俗，有焚骸火葬之事，屢經前府出示嚴禁，如敢再犯，從重治罪。」自此之後，彝族的火葬便被土葬所代替了。

三、葬式

彝族葬式主要有一次葬與二次葬兩種。古火葬以及古土葬，均可歸類於一次葬式。現代殯儀館出現之後，在城市地區出現了先將死者火化收入骨灰盒中，再將骨灰盒葬於墓中的二次葬式。而在廣大的農村地區，仍以古土葬為主要的安葬方式。

第七章　信仰民俗

盧涵

　　彝家人的信仰來源於對自己源流的解釋，即他們的宇宙創世說、神話英雄傳說和彝族紀年方式等，同時表現在彝族人的特色節日和祭祀儀式中，而在日常生活中，他們的言行舉止、建築風格、圖騰文化等，都與他們的信仰有著千絲萬縷的聯繫。

　　信仰與生活是密不可分的，彝族的宗教信仰主要是崇拜自然的多神信仰，其來源於對自身、對生活環境的認識。但若因此便認為彝族的信仰仍處於原始狀態、沒有自己的核心信仰，則是不正確的。雖然彝族的信仰直接表現為多神信仰，但是深入瞭解彝族的文化就會發現，祖靈崇拜作為每一個民族的最原始信仰，也是彝族的核心信仰。他們對「翁靡教」（即祖先）的崇奉，與對其他對象的崇拜截然不同。他們對自然的崇拜是以變換對象或者重複賦義的方式進行的，崇拜對象自身沒有賦義的功能，所以，虎、山、火等崇拜雖然流傳至今，但是處於停滯甚至倒退的狀態，逐漸變為形式化的符號而已。但是「翁靡教」的崇拜對象始終不變，並透過儀式的繼承、經典文獻的流傳和彝族人對祖先的尊崇等方式，逐漸發展成為彝族最核心的宗教信仰。「翁靡教」因其超越生死的侷限，成為彝族人精神文化的源泉。

　　如果說對自然的崇拜源於彝族人對人與自然關係的認知，那麼對「翁靡教」的信仰則是源於彝族人對人本身問題的解答。由此可見，彝族人具有一個十分完整的信仰系統。在時間上，這個系統的完整性主要表現在彝族人對自然萬物以及生活環境的認識經歷了一個由淺入深、由表及裡、由現象到本質的變化過程。在空間上，這個系統的完整性主要表現在彝族人的信仰內外兼顧。民族信仰是一個民族的最高精神文化，在多神崇拜的背景下，各種信仰互相融合，使得彝族的信仰具有多元性、多層性、多極性，具有很高的研究價值。

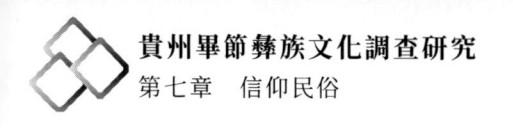

第一節　彝族的宇宙觀

要想瞭解彝族的宇宙觀，首先需要瞭解彝族的經典系統，特別是其中的宇宙生成理論。由於信仰與生活密不可分，所以彝族人的信仰觀念主要來源於對自我和生活環境的認知，彝族的核心信仰「翁靡教」中所蘊含的天地自然之道，可以追溯到彝族的宇宙生成理論。

彝族的宇宙生成理論，在《哎哺散額》《彝族源流》《彝族創世志》《宇宙人文論》《物始紀略》等彝文典籍中都有系統的論述。彝族古代哲學著作《宇宙人文論》中，系統地闡述了彝族先民對宇宙本原、人類起源以及宇宙萬物產生和發展變化的認識。

1. 彝族的經典文化

《西南彝志》（又名《哎哺散額》）認為，天地人的產生都是清濁二氣分化演變的結果，即清濁二氣的不斷運動產生了一對最基本的物質元素——哎哺，在哎哺的基礎上，又產生了萬物。因此，彝族的經典文化系統可以上溯到「哎哺時期」。由於那個時候的書籍外部多有羊皮或者牛皮護封，又稱為「牛皮檔案」或「羊皮檔案」。

在對天地生成的解釋中，除了清濁二氣生成說外，還有人力與物力共同織造出來的天地、以修補的方式改造出來的天地等說法。人力與物力說認為，天地萬物是事物按自身規律運動變化的結果。「上古九千女造天，八萬男造地」。按此說法，天共九重，每層都是紡織而成，每層都由不同的家族統領。修補說則來源於《物始紀略》，說的是天地形成初期，由於搖擺不定出現缺損，由夠婁家族修補天地。此外，《物始紀略》中還記載了彝族先祖的形象，如羊頭青人、豬毛黑人、雞冠黃人、虎頭紅人等。那時，人神鬼不分，在天為神，以星的形象管理大地。人星來往的現象則反映了彝族人對星宿的回歸感。

彝文典籍《西南彝志》封面

彝族古典文獻《諾泗》中，記載了神人支格阿魯射日的故事，《洪水泛濫》中記載了六部叟厄、八部武古由於過度開發自然資源，惹得策舉祖大怒，並放洪水淹沒這一族人的故事。由此可知，彝族與漢族有相似的宇宙生成說、射日傳說、洪水泛濫說，表明了人類的思維受限於客觀生活環境。

2. 彝曆

彝族的天文曆法，在《宇宙生化》《二十八星宿》《開天闢地》等彝文典籍中有系統的記載。彝曆又稱為太陽曆，以十月計年，每月三十六天，平年餘五天為過年日，閏年則余六天為過年日，因此，彝族十月太陽曆的一年的平均長度為 365.25 天，這與回歸年（太陽年）的長度 365.2422 日非常相近，太陽曆之精確性由此可見一斑。

彝族太陽曆以觀測太陽運動來確定冬夏，以北星的鬥柄指向來確定寒暑。當太陽「運動」到最南點時為冬至，到最北點時為夏至。同時，傍晚時觀察北七星的運行情況，北星的鬥柄正下（南）指為大寒，彝族以此確定過「星回節」；北星的鬥柄正上（北）指為大暑，彝族由此確定過「火把節」。並以十二生肖紀時、日、月、年。

彝族的宇宙觀來自彝族的天文學和人類起源學，畢節地區彝文翻譯組翻譯出版的《西南彝志》和《彝族源流》中說：清氣上升為天，濁氣下降為地。青色的氣和紅色的氣交合而形成天地。天地形成以後出現了四方和中央，由五帝君來各管一方，東方青帝，南方紅帝，中央黃帝，西方白帝，北方黑帝。每逢大型祭祀活動或開歌場，都必須請五帝君全部到場，缺一不可。

彝族先民根據太陽和星辰的運行規律，創立了彝族自己的「八卦圖」。彝族古天文學著作《土魯竇吉》中載有兩幅圖，一幅圖為「魯數」（龍書），相當於「洛書」，另一幅圖為「付拖」（聯姻），相當於「河圖」，並用「魯數」先天八卦推出十月太陽曆，用「付拖」後天八卦推出十二月曆。與漢族不同的是，彝族先民以乾為中心，指向北七星中柄與勺相連點上的紫微星，並以紫微星為中心，旋轉北七星勺子，建立了完整、精確的彝族十月太陽曆。

彝族十月太陽曆是彝族先民的一項偉大創造，作為一種悠久神秘的古老曆法，其精準程度，與瑪雅曆法和古羅馬曆法不分上下。

第二節　彝族的信仰對象

彝族是古羌戎遺裔，有著悠久的歷史和燦爛的文化，早在原始社會時期就出現了宗教信仰。由於沒有產生一個全民族統一的至高無上的神靈，彝族宗教信仰基本上處於「萬物有靈」為基礎的原始宗教發展階段，存在著自然崇拜、圖騰崇拜、祖先崇拜等宗教信仰形式，而彝族的祖先崇拜居於核心地位，對天神、密西（土主）、石神、水神、植物神、動物神等產生了深刻的影響。

一、自然萬物

彝族宗教具有濃厚的原始宗教色彩，崇奉多神，存在著自然崇拜、圖騰崇拜、祖先崇拜等宗教信仰形式，而其自然崇拜的對象則包括天、地、日、月、星辰、山、水、樹、草、竹、蕎麥、杜鵑花等，呈現出由日月天地到山水植物的演變過程，與現實生活越來越接近。

第二節　彝族的信仰對象

1. 山神

「山神」在彝語中稱之為「博色」。由於彝族常年生活在多山的地區，因此產生了許多與山有關的傳說故事和歷史人物。彝族先民認為，山神能呼暴風、召冰雹，損壞莊稼，故而有三月三祭山的傳統節日。在彝族原始宗教信仰中，山的象徵意義最為豐富。

2. 水神

對水的依賴、畏懼與自我保護的生存意識，使彝族先民產生了對水的崇拜，彝語將水神（或河神）稱為「益色」。由於水井與彝族人民的生產生活關係密切，所以彝族對水井神也很崇拜。取井水飲用時，不能全部喝完，要還回去一些，以免惹怒水井神。

3. 天神

彝語將天神稱之為「策舉茸」「姆古魯」等，他掌管著天地間的一切事物，其地位在所有神明中是最高的，是具有人的情感和好惡的人格神。彝家人認為，凡浪費糧食、不孝父母等行為，均會受到天神的懲罰。

4. 日月星辰

彝族先民對日月星辰的崇拜多蘊含在創生神話中，如今在圖騰、旗幟、服飾、傳說故事中仍有部分遺存。需要指出的是，日月星辰並不是彝族重要的祭祀對象。相比於月亮和星辰，彝族對太陽更為崇拜。如彝曆以太陽命名，民族服飾和旗幟上到處可見太陽紋。而彝族對於星辰的崇拜則集中表現在人星對應的思想上，「星明則人旺，星晦則人衰，星隕則人亡」，因此每年的農曆正月十五日，會舉行送火星的儀式。

5. 古樹

古樹是彝族人眼中的神樹，彝語稱之為「米省」（天神樹）、「儸省」（龍樹）。在彝族村寨中，古樹被視為「護寨神樹」，充當全寨人民的保護樹、生命樹。因此，每逢重大節日，彝家人都要舉行隆重而盛大的祭祀活動，來祭祀古樹，祈求全寨人畜平安，風調雨順。

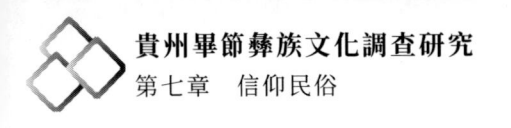

二、圖騰信仰

圖騰一詞來源於印第安語「totem」，有親屬、標記的含義。在原始人的信仰中，本氏族人都源於某種特定的物種，或者與某種物種有過親緣關係，於是就將這個物種視為本氏族最古老的祖先。嚴復認為，圖騰作為群體的標誌，可以用來解釋神話、古典記載及民俗民風等。而圖騰作為彝族原始信仰的直接表現形式，在彝族的信仰系統中具有重要地位。彝族的圖騰文化十分豐富，它是彝族先民對自然萬物較為原始的認識和描述，反映了彝族先民生活的環境以及不同自然事物對彝族人生活的影響等。

彝族人習慣用圖騰裝飾美化自己和自己的生活。在特色彝族村寨和民居上，隨處可見圖騰的裝飾紋樣，如板底地區的彝族人將電線杆裝飾成圖騰柱的樣子。雖然有些祈求祥瑞的圖騰，如蝙蝠紋、松、鶴、竹等，與漢族相同，但彝族的圖騰文化也有自己獨特的一面，對抽象程度較高的漢族圖騰文化是一種有益的補充。

下面，筆者簡要論述一下彝族的圖騰文化。

1. 龍

彝族的圖騰文化可以簡要概括為崇龍拜虎。龍圖騰出現於母系社會時代，虎圖騰盛行於父系社會時代。在漢族的傳統中，龍象徵君，虎象徵臣。但是在彝族人的傳統中，龍則是虎的從屬。在彝區，龍的頭部刻畫簡單，身體細長，鱗片模糊甚至沒有，足爪不明顯，相對保持著原始的蛇、蟒等形象。

彝族建築上的虎圖騰

2. 虎

彝族人自稱為「羅羅」（即虎族）。虎作為彝族人圖騰文化的核心要素，崇拜對象經歷了由雌性到雄性的變化。在彝族傳統戲劇「撮泰吉」中，將三軍統帥稱之為「惹嘎阿布」（即虎）。虎圖騰在不同的彝區有不同的表現形式，既有長有雙翅的飛虎形象，也有以虎為原型的神獸形象。

彝族流傳著一種「虎生宇宙說」。彝族創世史詩《梅葛》載：神祖五兄弟按照天神的旨意，打殺了一隻猛虎，用老虎的四根大骨作為撐天柱，用肩膀作為東西南北支柱，把天撐了起來。後來，神祖五兄弟又上山獵虎，用老虎的屍體造了日月星雲、花草樹木、江河湖海、飛禽走獸等。

3. 杜鵑花

杜鵑花在彝語中稱作「索瑪花」，彝族人將其視為先祖篤慕（即杜宇）的化身。杜宇既是彝族人共同的祖先，也是古蜀國傑出的帝王，他傳播了先進的農業生產技術，營造了古蜀國的農耕文明，後人便把他和杜鵑鳥聯繫在一起。杜宇魂化杜鵑鳥，啼血染花枝，花即杜鵑花。因此，彝族把杜鵑花視為族花。黔西南至今不但有百里杜鵑的風景區，每年還有「祭花神」的儀式。

4. 葫蘆

百里杜鵑風景區

葫蘆是世界上最古老的作物之一，也是中華民族最原始的吉祥物之一。彝族先民之所以對葫蘆情有獨鍾，一是因為洪水泛濫時期，彝族的先祖躲藏在一個大葫蘆中，才保住了生命；二是因為葫蘆的外形類似女子懷孕的形象，反映了彝族人對女性的尊重。彝族人對葫蘆的喜愛突出表現在建築的屋頂多為葫蘆寶頂。

5. 竹

竹子雖然在彝族人的聚集處並不多見，卻是祭祀祖先必不可少的物品。彝族裝有祖先靈魂的靈筒就是用竹子製作的。傳聞在洪水肆虐時期，彝族先祖因為藏身於竹筒而得救，所以竹子成為彝族人圖騰文化中的重要部分。

6. 鶴

彝文古籍《彝帛奢且爭》記載，人類是受鶴、雁啟發而定居的，因此，彝族先民就把鶴、雁作為智者來崇拜。在彝族的傳統文化中，鶴是君王的象徵，將君王所轄的區域命名為「勾」或「格」。

此外，在彝區，較為常見的圖騰還有蝴蝶、綿羊角、祥雲等，限於篇幅，就不一一介紹了。

三、聖賢崇拜

彝族具有悠久的歷史，不同時期都存在對神話傳說的反覆演繹，而神話傳說中最重要的就是人物。這些人物或因為年代久遠，或因為演繹誇張，成為彝族人的聖賢人物，也是彝族人崇拜的對象之一，如支格阿魯、奢香夫人、烏蒙等。此外，每一族人的原始先祖都會成為該族的神靈，例如篤慕就是滇、川、黔、桂四省區彝族共同尊奉的祖先。

1. 支格阿魯

彝族是一個尚武的民族，尚武是彝族的生存方式。支格阿魯是彝族傳說中的射日英雄，也是彝族神話傳說中的一位創世英雄，是全體彝族人民最崇敬的祖先之一。在彝族典籍《支格阿魯王》中，記載了他箭射日月、修天補地、伏風降霧、為民除害的事跡。而彝族的傳統節日火把節，據傳也與支格阿魯有關。因此，支格阿魯在彝族人心目中不僅是力量的象徵，也是完美品質的代表。

2. 奢香夫人

支格阿魯是彝族古代傳說中的著名神話英雄人物，而奢香夫人則是元末明初的一名彝族女政治家，她開闢驛路，引進漢族先進的生產技術，廣建學校，促進了彝族地區經濟文化的發展。如今，為了紀念奢香夫人，人們以奢香墓為依託，建立了奢香博物館。

3. 篤慕

篤慕是彝族人民共同尊奉的人文祖先，生活於距今2800多年前的蜀洪水泛濫時代，《西南彝志》《洪水泛濫》《祭祖經》等彝文經典都對篤慕的事跡進行了詳細的記載。

奢香夫人博物館匾額

奢香夫人墓

第二節　彝族的信仰對象

彝族先民的祭祀場景

四、翁靡信仰

彝族人的宗教信仰被表述為原始宗教信仰，在萬物有靈觀念的支配下，天地萬物都可以成為彝民的崇拜對象，但從彝民生活的基本事實來說，基於「翁靡」而來的祖先崇拜應該是彝族宗教信仰中最為基本的層面。

「翁靡」一詞，最早出現在《指路經》中，「畢摩指引你，踏上翁靡路」。因此，它最原初的意義是指彝族各個支系先祖的發源地，但其宗教意義是指彝族人死後三魂之一的「洪鬥」的最終歸宿之地。

雖然彝族人將自己的信仰稱為祖靈崇拜，但是透過系統研究彝族宗教信仰可知，祖靈崇拜的對象並不是某個特定的祖靈。這是因為，彝族人的祖靈崇拜已經從偶像時代過渡到無偶像時代，對於彝族人來說，祖先只有在與「翁靡」相連接的時候，才構成其獨特的宗教象徵意義。若是神龕上的靈筒過多時，常常將年代久遠的先祖靈筒遺棄。從這個意義來看，彝族的祖靈崇拜並不是嚴格意義上的祖先崇拜。

因此，彝民是把祖先作為指向「翁靡」的一種載體而崇拜的，在一代又一代的彝民回歸「翁靡」的儀式中，「翁靡」作為宗教信仰對象的意義被不斷地強化，由此，彝民的「翁靡」信仰也得以確立。所以，我們不能簡單地把回歸「翁靡」看成是對於事實上存在的一個地點的描述，也不能看作是對

101

於家族遷移歷史的回顧，應該透過地理性和歷史性的描述，來發現其重要的宗教象徵意義。

五、火

彝族人認為，火是萬事萬物的起源，能征服世間的一切，並且創造了彝族的文明，因此，彝族被稱為火的民族。對於彝族人民來說，火除了具有實體意義外，還具有靈虛的象徵意義。

從實體的意義上說，用火能戰勝敵人、驅除災害、除妖避邪，因此，彝族人用火進行祭祀，彝族巫師用火驅鬼除邪，彝族畢摩用火展現自己的神力。火更是神聖的，彝族人有火葬的傳統。在彝族的傳統觀念裡，只有經過火葬的儀式，亡人的靈魂才能升天。

從象徵意義上說，首先，在彝族人的生活中，火塘占據著非常重要的地位，是家庭的象徵，火塘裡的火又稱為「萬年火」，是不能熄滅的。在重大的祭祀活動中以及在重要的場合，如結婚、葬禮等，還有繞火塘的習俗。

其次，對於尚武的彝族人來說，火象徵著光明和力量，是他們精神文化的最好詮釋。燃燒的火具有無窮的威力，能夠戰勝一切，因此對彝族人來說，火有著巨大的吸引力。彝族人建築房屋時，要選水日以震火，而建築畜廄時，卻要選擇火日以求昌盛。

最後，彝族人將火人格化，視之為神。彝族傳說中，有火所化身的鬼和神。彝族人將火流星稱之為「阿多納」（即火鬼），它出現在哪裡，哪裡就不得安寧，所以彝族民間有掃火星的祭祀儀式。彝族人民所信奉的「火神」主要有三個：「多侈」（即火神）、「革白侈」（即灶神）、「姑魯侈」（即火壇神），「多侈」為惡神，其他兩者為善神，但是善神也會給人們帶來災禍，所以對屬火的神都要小心供奉和祭祀。

第二節　彝族的信仰對象

國家圖書館出版品預行編目（CIP）資料

貴州畢節彝族文化調查研究 / 何善蒙 主編 . -- 第一版 .
-- 臺北市：崧燁文化, 2019.07
　　面；　公分
POD 版

ISBN 978-957-681-839-4(平裝)

1. 彝族 2. 民族文化 3. 貴州省

536.2825　　　　　　　　　　　　　　108009001

書　　名：貴州畢節彝族文化調查研究
作　　者：何善蒙 主編
發 行 人：黃振庭
出 版 者：崧燁文化事業有限公司
發 行 者：崧燁文化事業有限公司
E-mail：sonbookservice@gmail.com
粉 絲 頁：　　　　　網　址：
地　　址：台北市中正區重慶南路一段六十一號八樓 815 室
8F.-815, No.61, Sec. 1, Chongqing S. Rd., Zhongzheng
Dist., Taipei City 100, Taiwan (R.O.C.)
電　　話：(02)2370-3310　傳　真：(02) 2370-3210
總 經 銷：紅螞蟻圖書有限公司
地　　址：台北市內湖區舊宗路二段 121 巷 19 號
電　　話：02-2795-3656　傳真：02-2795-4100　　網址：
印　　刷：京峯彩色印刷有限公司（京峰數位）

本書版權為九州出版社所有授權崧博出版事業股份有限公司獨家發行電子書及
繁體書繁體字版。若有其他相關權利及授權需求請與本公司聯繫。

定　　價：200 元
發行日期：2019 年 07 月第一版
◎ 本書以 POD 印製發行